马克思主义简明读本

资本的秘密.2

丛书主编：韩喜平

本书著者：冯 霞 杨 勇

编委会：韩喜平 邵彦敏 吴宏政
　　　　王为全 罗克全 张中国
　　　　王 颖 石 英 里光年

吉林出版集团股份有限公司

图书在版编目（CIP）数据

资本的秘密. 2 / 冯霞，杨勇著. -- 长春：吉林出版集团股份有限公司，2012.12（2019.2重印）

（马克思主义简明读本）

ISBN 978-7-5534-1155-2

Ⅰ.①资… Ⅱ.①冯… ②杨… Ⅲ.①马克思著作—马克思主义政治经济学—青年读物②马克思著作—马克思主义政治经济学—少年读物 Ⅳ.①A123-49

中国版本图书馆CIP数据核字(2012)第291653号

资本的秘密.2
ZI BEN DE MI MI.2

丛书主编：	韩喜平
本书著者：	冯 霞 杨 勇
项目策划：	范中华 徐树武
责任编辑：	陈 曲 潘 晶
出　　版：	吉林出版集团股份有限公司
发　　行：	吉林出版集团社科图书有限公司
电　　话：	0431-86012746
印　　刷：	北京一鑫印务有限责任公司
开　　本：	710mm×960mm 1/16
字　　数：	100千字
印　　张：	12
版　　次：	2012年12月第1版
印　　次：	2019年2月第3次印刷
书　　号：	ISBN 978-7-5534-1155-2
定　　价：	29.70元

如发现印装质量问题，影响阅读，请与出版方联系调换。0431-86012746

序　言

习近平总书记指出，青年最富有朝气、最富有梦想，青年兴则国家兴，青年强则国家强。青年是民族的未来，"中国梦"是我们的，更是青年一代的，实现中华民族伟大复兴的"中国梦"需要依靠广大青年的不断努力。

要提高青年人的理论素养。理论是科学化、系统化、观念化的复杂知识体系，也是认识问题、分析问题、解决问题的思想方法和工作方法。青年正处于世界观、方法论形成的关键时期，特别是在知识爆炸、文化快餐消费盛行的今天，如果能够静下心来学习一点理论知识，对于提高他们分析问题、辨别是非的能力有着很大的帮助。

要提高青年人的政治理论素养。青年是祖国的未来，是社会主义的建设者和接班人。党的十八大报告指出，回首近代以来中国波澜壮阔的历史，展望中华民族充满希望的未来，我们得出一个坚定的结论——实现中华民族伟大复兴，必须坚定不移地走中国特色社会主义道路。要建立青年人对中国特色社会主义的道路自信、理论自信、制度自信，就必须要对他们进行马克思主义理论教育，特别是中国特色社会主义理论体系教育。

要提高青年人的创新能力。创新是推动民族进步和社会发展的不竭动力，培养青年人的创新能力是全社会的重要职责。但创新从来都是继承与发展的统一，它需要知识的积淀，需要理论素养的提升。马克思主义理论是人类社会最为重大的理论创新，系统地学习马克思主义理论有助于青年人创新能力的提升。

要培养青年人的远大志向。"一个民族只有拥有那些关注天空的人，这个民族才有希望。如果一个民族只是关心眼下脚下的事情，这个民族是没有未来的。"马克思主义是关注人类自由与解放的理论，是胸怀世界、关注人类的理论，青年人志存高远，奋发有为，应该学会用马克思主义理论武装自己，胸怀世界，关注人类。

正是基于以上几点考虑，我们编写了这套《马克思主义简明读本》系列丛书，以便更全面地展示马克思主义理论基础知识。希望青年朋友们通过学习，能够切实收到成效。

韩喜平

2013年8月

目　　录

引　言 / 001

第一章　资本的流通过程 / 002

第一节　资本形态变化及其循环 / 002
第二节　资本周转 / 057
第三节　社会总资本的再生产和流通 / 066

第二章　资本主义生产的总过程（一） / 078

第一节　剩余价值转化为利润和剩余价值率转化为利润率 / 079
第二节　利润转化为平均利润 / 083
第三节　利润率趋向下降的规律 / 088
第四节　商人资本 / 093

第三章　资本主义生产的总过程（二）/ 098

第一节　生息资本1 / 098

第二节　生息资本2 / 103

第三节　超额利润转化为地租 / 107

第四节　各种收入及其源泉 / 113

知识链接 / 117

引　言

　　本书在秉承原著观点和理论体系的基础之上，简要论述了剩余价值学说的发展史，阐明了马克思的剩余价值学说及其与先驱者的理论学说之间的区别，在此基础上进一步地说明了马克思在创立剩余价值学说上的突出贡献。利润和利润率都是剩余价值和剩余价值率的转化形式，剩余价值是相对于可变资本而言的，利润则是相对于全部预付资本而言的。剩余价值是内容，利润是剩余价值的表现形式，剩余价值转化为利润进一步掩盖了资本主义剥削的实质。

第一章　资本的流通过程

资本的流通过程主要研究资本形态变化及其循环过程，阐述资本三种形态变化的特点，说明资本的生产过程和流通过程的对立统一关系。恩格斯明确提出，他对马克思遗稿的整理，是"按照作者当时头脑中发挥的思想的原样写下来的"，"文稿越往后越带有草稿性质、越不完全"，所以读者在阅读内容时要注意把握这个特殊的不同之处。

第一节　资本形态变化及其循环

马克思指出，资本的循环过程经过三个阶段并形成如下的序列：第一阶段，资本家作为买者出现于商品市场和劳动市场，他的货币转化为商品，即完成G—W这个流通行为；第二阶段，资本家用购买的商品从事生产消费，他作为资本主义商品生产者进行活动，他的资本完成生产过程。结果产生了一种商品，这种商品的价值大于它的生产要素的价值；第三阶段，资本家作为卖者回到市场，他的商品转化为货币，即完成W—G这个流通行为。因此，货币资本循环的公式是G—W…P…W'—G'。在这个公式中，虚线表示流通过程的中断，W'和G'表示由剩余价值增大了的W和G。

一、货币资本的循环

这一部分集中论述了资本循环在产业资本运动过程中的地位和作用。在此需要假定商品是按照它们的价值出售的，而且假定这种出售是在价值不变的情况下进行的，因而也把在循环过程中可能发生的价值变动撇开不说。

（一）第一阶段：G—W

首先，G—W的物质内容及最具特征的量的关系。G—W表示一个货币额转化为一个商品额。对买者来说，是他的货币转化为商品，对卖者来说，则是他们的商品转化为货币。使一般商品流通的这个行为同时成为单个资本的独立循环中一个职能上确定的阶段的，不是行为的形式，而是它的物质内容，是那些和货币换位的商品的特殊使用性质。一方面是生产资料，另一方面是劳动力，即商品生产的物的因素和人的因素。它们的特性，自然要与所生产物品的种类相适应。如果我们用A表示劳动力，用Pm表示生产资料，那么所要购买的商品额W=A+Pm。因此，从内容来看，G—W是表现为G—W=A+Pm。就是说，G—W分成G—A和G—Pm，货币额G分成两部分，其中一部分购买劳动力，另一部分购买生产资料。这两个购买序列属于完全不同的市场，一个属于真正的商品市场，另一个属于劳动市场。

但是，G—W=A+Pm除了表示G所转化成的商品额有这种质的分割外，还表示一种最具有特征的量的关系。劳动力的价值或价格，是以工资的形式，即作为一个包含剩余劳动的劳动量的价格，支付给把劳动力当作商品出卖的劳动力所有者的。例如，假定劳动力的日价值是3马克，即5小时劳动的产物，那么，这个金额就会在买者和卖者之间的契约上，表现为10小时劳动的价格或工资。如果这种契约是和50个工人订的，那么，他们在一天中一共要为买者提供500个劳动小时，其中二分之一，即250个劳动小时等于25个10小时的工作时，完全是由剩余劳动构成的。要购买的生产资料的数量和规模，必须足以使这个劳动量得到充分的利用。

因此，G—W=A+Pm不仅表示一种质的关系，即一定的货币额，比如说1000镑，转化为互相适应的生产资料和劳动力。它还表示一种量的关系，即用在劳动力A上面的货币部分和用在生产资料Pm上面的货币部分的量的关系。这种量的关系一开始就是由一定数量的工人所要耗费的超额劳动即剩余劳动的量决定的。耗费在生产资料上的货币部分，也就是在G—Pm中购买的生产资料，在任何情况下都必须是充分的，因此，必须一开始就估计到这一点，并按照适当的比例准备好。换句话说，生产资料的数量，必须足以吸收劳动量，足以通过这个劳动量转化为产品。如果没有充分的生产资料，买者所支配的超额劳动就不能得到利用，他对于这种超额劳动的支配权就没有用处。如果现有生产资料多于可供支配的劳动，生产资料就不能被劳动充分利用，不能转化为产品。

G—W=A+Pm一经完成，买者就不仅支配着生产一种有用物品所必需的生产资料和劳动力，他还支配着一种更大的劳动力的使用权，即支配着一个比补偿劳动力价值所必需的劳动量更大的劳动量，同时还支配着使这个劳动量实现或物化所必需的生产资料。因此，他支配的各种因素所能生产的物品，比这种物品的生产要素有更大的价值，即是一个包含剩余价值的商品量。因此，他以货币形式预付的价值，现在处在一种实物形式中，在这种形式中，它能够作为会生出剩余价值(表现为商品)的价值来实现。换句话说，它处在具有创造价值和剩余价值的能力的生产资本的状态或形式中。这种形式的资本，称为P。

但是，P的价值=A+Pm的价值=转化为A和Pm的G。G和P是同一个资本价值，只是处在不同的存在方式上，就是说，G是货币状态或货币形式的资本价值——货币资本。因此，G—W=A+Pm或它的一般形式G—W，即商品购买的总和。这个一般商品流通的行为，从作为资本的独立循环过程的阶段来看，同时又是资本价值由货币形式到生产形式的转化，或者简单地说，是由货币资本到生产资本的转化。可见，在这里首先考察的循环公式中，货币表现为资本价值的第一个承担者，而货币资本也就表现为资本预付的形式。

其次，在G—W中货币资本的双重职能及其特征。作为货币资本，它处在能够执行货币职能的状态中。在当前考察的场合，就是处在能够执行一般购买手段和一般支付手段的职能状态中。（马克思认为它是支付手段，是因为劳动力固然要先购买，但要在发生作用之后才对它支付报酬，支付与购买是分开的。因此，资本家购买劳动力，但未必"预"付劳动力的价值。如果在市场上没有现成的生产资料，需要先订购，那么货币在G—Pm中同样是支付手段。）这种能力之所以产生，不是由于货币资本是资本，而是由于货币资本是货币。

另一方面，货币状态的资本价值也只能执行货币的职能，不能执行别的职能。这种货币职能之所以会成为资本职能，是因为货币职能在资本的运动中有一定的作用，也是因为执行货币职能的阶段和资本循环的其他阶段是有联系的。比如，拿我们首先考察的情况来说，货币转化为商品，这些商品的结合形成生产资本的实物形式，因而已经潜在地在可能性上包含了资本主义生产过程的结果。

在G—W=A+Pm中执行货币资本职能的货币的一部分，会由于这个流通本身的完成转而去执行一种职能，在这种职能上，它的资本性质消失了，但它的货币性质保留了下来。货币资本G的流通分为G—Pm和G—A，即购买生产资料和购买劳动力。后一个过程即G—A，从资本家方面看，是购买劳动力，从工人即劳动力的所有者方面看，是出卖劳动力，也可以说是出卖劳动，因为是以工资形式为前提的。在这里，和任何一种购买一样，对买者来说是G—W(相当于G—A)，对卖者(工人)来说是A—G(相当于W—G)，是出卖他的劳动力。这是商品的第一流通阶段或者第一形态变化；从劳动的卖者方面看，就是他的商品转化为它的货币形式。工人把他由此获得的货币，逐渐地耗费在一个满足他的需要的商品额上，即耗费在消费品上。因此，他的商品的总流通表现为A—G—W，首先是A—G(相当于W—G)，然后是G—W，也就是表现为简单商品流通的一般形式W—G—W。这里，货币只是充当转瞬即逝的流通手段，只是充当商品和商品进行交换的媒介物。

再次，在一定社会条件下所完成的G—A行为。G—A是货币资本转化为生产资本的一个具有特征性质的因素，因为它是以货币形式预付的价值得以实际转化为资本，转化为生产剩余价值的价值的重要条件。G—Pm所以必要，只是为了实现在G—A中购买的劳动量。此外，从货币资本是资本的表现形式来看，G—A一般被看作是资本主义生产方式的特征。但是，绝不是由于上述的原因，即由于劳动力的购买是这样一种购买契约，按照这个契约提供的劳动量，一定要大于补偿劳动力价格即工资所必需的量，所以一定要提供剩余劳动，这是预付价值资本化或者说剩余价值生产的根本条件。相反，是由于它的形式，由于劳动是以工资的形式用货币购买的，而这一点被认为是货币经济的标志。G—A被认为是所谓货币经济的特征或标志，是因为在这里劳动是它的所有者的商品，因而货币是买者，就是说，是因为有了这种货币关系(买卖活动)G—A才被认为是货币经济的特征或标志。但是，货币很早就已经作为所谓服务的买者出现了，比如购买理发师的服务给自己理发，而G并没有因此转化为货币资本，经济的一般性质也没有因此发生变革。

货币究竟转化为哪一种商品，对货币来说是完全没有关系的。货币是一切商品的一般等价形式，一切商品都已经用它们的价格表示出它们在观念上代表一定的货币额，等待着向货币的转化，并且只有通过同货币的换位，它们才取得一种形式，使自己可以转化为自己的所有者的使用价值。因此，一旦劳动力作为它的所有者的商品出现于市场，它的出卖采取劳动报酬的形式或工资的形式，那么，它的买卖和任何其他商品的买卖相比，就没有什么更引人注目的地方了。成为自身特征的，并不是劳动力这种商品能够买卖，而是劳动力成为商品。既然生产的物的因素和人的因素是由商品构成的，资本家就得通过G—W=A+Pm，也就是货币资本到生产资本的转化，来完成这两个因素的结合。若货币是第一次转化为生产资本，或者对它的所有者来说是第一次执行货币资本的职能，他就必须在购买劳动力之前，首先购买厂房、机器等生产资料。

G—A表现为货币资本的一种职能，即货币在这里表现为资本的存在形式，这绝不只是因为货币在这里充当一种有用的人类活动或服务的支付手段，就是说，绝不是因为货币有支付手段的职能。货币能以这样的形式支出，只是因为劳动力处在和它的生产资料(包括作为劳动力本身的生产资料的生活资料)分离的状态中，而要消除这种分离状态，就得把劳动力卖给生产资料的所有者，因而也使劳动力的使用权归属于买者。与此同时，使用这种劳动力的界限和劳动力本身价格的再生产所必需的劳动量的界限，并不是一致的。资本关系之所以会在生产过程中出现，只是因为这种关系在流通行为中，在买者和卖者互相对立的不同的基本经济条件中，在他们的阶级关系中本来就已经存在。不是由于货币的性质产生了这种关系，而是由于这种关系的存在，单纯的货币职能才能转化为资本职能。

对于货币资本的理解，通常存在两种平行的或彼此交叉的错误认知。一是资本价值作为货币资本执行的各种职能，这些正是由于它处于货币形式而能够执行的职能，被错误地认为是从它的资本性质产生的。事实上，这些职能只是来源于资本价值的货币状态，来源于它的货币表现形式。二是正好相反，使货币职能同时成为资本职能的这种货币职能的特殊内容，被认为是从货币的本性产生的(由此造成很多人把货币和资本混为一谈了)。其实，货币要执行这种职能，例如这里完成G—A行为，需要一定的社会条件，而这种社会条件在简单商品流通和相应的货币流通中是根本不存在的。比如，奴隶的买卖，按其形式来说，也是商品的买卖。但是，如果没有奴隶制，货币就不能执行这种职能。有了奴隶制，货币才能用来购买奴隶。相反，买者手中的货币无论怎样充足，也不会使奴隶制成为可能。

总之，只有在已经发展起来的资本主义生产的基础上，货币资本循环的公式G—W…P…W'—G'，才是资本循环的当然形式，因为它是以雇佣工人阶级的社会规模的存在作为前提的。我们已经知道，资本主义生产不仅生产商品和剩余价值，它还再生产并且以越来越大的规模再生产雇佣工人阶级，把绝大多数直接生产者变为雇佣工人。因此，实现G—W…P…W'—G'这一过程的首要前提是雇佣工人阶级的经常存在，所以这个公式已经包含生产资本形式的资本，从而也包含生产资本的循环的形式。

（二）第二阶段：生产资本的职能

在此所讲的资本循环是指以货币转化为商品的流通行为G—W即购买开始的。因此，这个流通必须以商品转化为货币这一相反的形态变化W—G即出售来补充。但是，G—W=A+Pm的直接结果，是以货币形式预付的资本价值的流通的中断。由于货币资本转化为生产资本，资本价值取得了一种实物形式，这种形式的资本价值不能继续流通，而必须进入消费，即进入生产消费。劳动力的使用和劳动，只能在劳动过程中真正实现。

首先，资本循环第一阶段和第二阶段的相互关系。资本家不能再把工人当作商品出售，因为工人不是资本家的奴隶，并且资本家买到的仅仅是在一定时间内对他的劳动力的使用。另一方面，资本家只能这样来使用劳动力，就是通过劳动力把生产资料作为商品形成要素来使用。因此，第一阶段的结果是进入第二阶段，即资本的生产阶段。运动表现为G—W=A+Pm…P，这里的虚线表示资本流通被中断，而资本的循环过程在继续进行，资本从商品流通领域进入生产领域。因此，第一阶段货币资本转化为生产资本，只是第二阶段即生产资本的职能的先导和先行阶段。G—W=A+Pm的前提是完成这个行为的个人不仅在某一使用形式上支配着价值，而且在货币形式上占有这些价值，他是货币所有者。但是，这种行为正好是要付出货币，他只有在付出货币这一行为本身包含着货币的回流时，才能够仍然是货币所有者。而货币只有经过商品的出售，才会流回到他手里。因此，这种行为的前提是他必须是商品生产者。

G—A，雇佣工人只能靠出卖自身的劳动力来过活，劳动力的维持，即工人自身的维持，却要求每天进行消费。因此，必须每隔一个较短的时期付给他一次报酬，使他能够反复进行为维持自身所需的各种购买，反复进行A—G—W或W—G—W行为。因此，资本家必须不断作为货币资本家，他的资本必须不断作为货币资本，和雇佣工人相对立。另一方面，要使广大的直接生产者，广大的雇佣工人能完成A—G—W行为，必须不断有必要的生活资料以能够购买的形式即商品形式和他们相对立。一旦依靠雇佣劳动进行的生产普遍化，商品生产就必然成为生产的普遍形式。商品生产普遍化了，它又使社会的分工不断增进，即一个资本家作为商品生产的产品越来越专门化，互相补充的各个生产过程越来越分裂为独立的生产过程。因此，G—A发展到什么程度，G—Pm也发展到什么程度，就是说，生产资料的生产会按相同的规模和那种用它们作生产资料的商品的生产相分离。于是生产资料会作为商品和每一个商品生产者自己相对立，他不生产它们，但要为自己的特定的生产过程而购买它们。它们来自那些完全和他的生产部门分离的独立经营的生产部门，作为商品进入他的生产部门，因而是必须购买的。商品生产的物的条件，会以越来越大的规模作为其他商品生产者的产品，作为商品，和他相对立。资本家也必须以相同的规模作为货币资本家出现，或者说，他的资本必须执行货币资本职能的规模将会扩大。

另一方面，那些造成资本主义生产的基本条件，即雇佣工人阶级存在的情况，也促使一切商品生产过渡到资本主义的商品生产。资本主义的商品生产越发展，它对主要是直接满足自己需要而只把多余产品转化为商品的任何一种旧生产形式，就越产生破坏和解体的作用。它使产品的出售成为人们关心的主要事情，它起初并没有显著地侵袭到生产方式本身。例如，资本主义的世界贸易对中国、印度、阿拉伯等国人民最初发生的影响就是如此。但是紧接着，在它已经扎根的地方，它就会把一切以生产者本人劳动为基础或只把多余产品当作商品出售的商品生产形式完全破坏。它首先是使商品生产普遍化，然后使一切商品生产逐步转化为资本主义的商品生产。这也是为什么世界上有不少人反对全球化的原因之一。

其次，生产资本是生产资料和劳动力在资本主义条件下的特殊结合。不论生产的社会形式如何，劳动者和生产资料始终是生产的决定性因素。但是，两者在彼此分离的情况下只在可能性上是生产因素。凡要进行生产，就必须使它们结合起来。实行这种结合的特殊方式和方法，使社会结构区分为各个不同的经济时期。自由工人和他的生产资料的分离，是既定的出发点，并且两者在资本家手中是怎样和在什么条件下结合起来的，就是作为他的资本的生产的存在方式结合起来的。因此，形成商品的人的要素和物的要素结合起来一同进入的现实生产过程，本身就成为资本的一种职能，成为资本主义的生产过程。任何商品生产的经营都同时成为剥削劳动力的经营。但是只有资本主义的商品生产，才成为一个划时代的剥削方式。这种剥削方式在它的历史发展中，由于劳动过程的组织和技术的巨大成就，使社会的整个经济结构发生变革，并且不可比拟地超越了以前的一切时期。

由于生产资料和劳动力在生产过程中对价值的形成以及剩余价值的生产起着不同的作用，所以它们作为预付资本价值的存在形式，就区分为不变资本和可变资本。其次，作为生产资本的不同的组成部分，它们还有以下的区别：生产资料在它为资本家所有时，即使在生产过程之外，也仍然是他的资本，劳动力却只有在生产过程之内，才是单个资本的存在形式。如果说劳动力只有在它的卖者，即雇佣工人手中，才是商品，那么相反，它只有在它的买者手中，即暂时握有它的使用权的资本家手中，才成为资本。生产资料本身，只有在劳动力作为生产资本的人的存在形式，能够和生产资料相结合时，才成为生产资本的物的形式或生产资本。所以，正如人类劳动力并非天然是资本一样，生产资料也并非天然是资本。只有在一定的历史发展条件下，生产资料才取得这种独特的社会性质，正如只有在一定的历史发展条件下，贵金属才获得货币的独特的社会性质，货币才获得货币资本的独特的社会性质一样。

最后，生产资本的基本职能就是不断生产剩余价值。生产资本在执行职能时，消耗它自己的组成部分，使它们转化为一个具有更高价值的产品量。因为劳动力仅仅作为生产资本的一个器官发生作用，所以劳动力的剩余劳动使产品价值超过产品形成要素的价值而形成的余额，才是资本的果实。劳动力的剩余劳动，是资本的无偿劳动，因而它为资本家形成剩余价值，一个无需他花费任何等价物的价值。因此，产品不只是商品，而且是孕育着剩余价值的商品。它的价值等于P+M，等于生产这种商品所耗费的生产资本的价值P加上这个生产资本产生的剩余价值M。假定这宗商品是价值10000磅的纱，生产这些纱所消耗的生产资料的价值是372磅，所消耗的劳动力的价值是50镑。纺纱工人在纺纱过程中把通过他们的劳动而耗费的生产资料的价值372镑转移到纱上，同时又提供了一个相当于他们消耗的劳动的新价值，比如说，128镑。因此，10000磅纱是一个500镑价值的承担者。

（三）第三阶段：W'—G'

首先，W'是包含剩余价值的商品资本。商品，作为已经增殖的资本价值，直接由生产过程本身产生的职能存在形式，就成了商品资本。如果商品生产在它的整个社会范围内按资本主义的方式经营，那么，一切商品从一开始就是商品资本的要素，不论它们是生铁，还是北京的冰糖葫芦，是手机，还是雪茄烟。至于商品队伍中，由于属性不同，哪一类应升为资本，哪一类应列为普通商品，这个问题不过是烦琐经济学自己制造出来的一个可笑的难题罢了。资本在商品形式上必须执行商品的职能。构成资本的物品，本来就是为市场而生产的，必须卖掉，转化为货币，因此要完成W—G运动。

这个价格要通过出售W—G来实现。是什么使一切商品流通的这个简单行为同时成为一种资本职能呢？在这个行为内没有发生任何变化，商品的使用性质既没有发生变化，因为商品是作为使用物品转到买者手中的；商品的价值也没有发生变化，因为这个价值没有发生任何量的变化，仅仅发生了形式变换。这个价值先存在于纱上，现在存在于货币上。因此，在第一阶段G—W和最后阶段W—G之间，出现了一种本质的区别。在前一个阶段上，预付的货币执行货币资本的职能，是因为它借助于流通而转化为各种具有特殊使用价值的商品。在后一个阶段上，商品能够执行资本的职能，只是由于在它的流通开始以前，它已经现成地从生产过程中取得了资本性质。

W'的职能是使一切商品产品的职能是转化为货币而卖掉，完成流通阶段W—G。只要现在已经增殖的资本保留商品资本的形式，停滞在市场上，生产过程就会停止。这个资本既不会作为产品形成要素起作用，也不会作为价值形成要素起作用。由于资本抛弃它的商品形式和采取它的货币形式的速度不同，即由于卖的速度不同，同一个资本价值就会以极不相同的程度作为产品形成要素和价值形成要素起作用，再生产的规模也会以极不相同的程度扩大或者缩小。一个一定量资本的作用程度，是由生产过程的各种潜能规定的，而这些潜能在一定程度上与资本本身的价值量无关。这里是说，流通过程并不增加新的价值，但它影响资本的作用程度，即影响资本的增殖程度，因而资本宁愿从提高的作用程度所带来的剩余价值中割让一部分给流通过程以便能够提高其总的增殖水平。因此，尽管政府、中介机构和商业因参与了流通过程而分了一杯羹，但并不意味着所谓的"社会劳动"(当中还包括过去物化在生产资料中的死劳动)创造价值。商品量W'作为已经增殖的资本的承担者，还必须全部完成形态变化W'—G'。在这里，出售商品的数量，成为决定性的事情。单个商品只是表现为总量的不可缺少的部分。

其次，商品资本的职能。资本价值W在同一个流通行为W'—G'中完成的流通，却不是这样。这个流通行为，对资本价值来说，是流通行为W—G。这里，W = P，等于原来预付的G。资本价值作为G，作为货币资本，开始它的第一流通行为，通过W—G行为回到相同的形式。因此，它已经经过两个互相对立的流通阶段：G—W和W—G，而又处在可以重新开始同一个循环过程的形式中。对剩余价值来说，是商品形式第一次转化为货币形式。对资本价值来说，则是回到或者再转化为它原来的货币形式。货币资本通过G—W=A+Pm，变为一个价值相等的商品额A和Pm。这些商品不再执行商品即可售物品的职能。现在，它们的价值存在于买者，即资本家手中，当作他的生产资本P的价值。同一个流通行为W'—G'，对以货币形式预付的资本价值来说，是第二形态变化即终结形态变化，是回到货币形式。而对同时包含在商品资本中并通过商品资本转换成货币形式而一同实现的剩余价值来说，却是第一形态变化，由商品形式转化为货币形式，是W—G，是第一流通阶段。

在此过程中要注意两个方面的问题：一是资本价值最后再转化为它原来的货币形式，是商品资本的职能。二是这种职能包含着剩余价值由原来的商品形式到货币形式的第一形式转化。可见货币形式事实上起了双重作用：一方面，它是原来以货币预付的价值的复归形式，即回到过程开始时的价值形式。另一方面，它又是原来以商品形式进入流通的价值的第一转化形式。如果构成商品资本的商品，像这里假定的那样，是按照它们的价值出售的，那么W+w就会转化为价值相等的G+g。已经实现的商品资本，现在以G+g的形式存在于资本家手中。资本价值和剩余价值现在都是作为货币存在的，因而都处在一般等价物的形式中。因此，资本价值在过程终结时，又处在它进入过程时的相同的形式中，因而能够重新作为货币资本开始并完成这个过程。正因为这个过程的开始形式和终结形式都是货币资本的形式G，所以这个循环过程的形式就叫做货币资本的循环。在终结时发生变化的，不是预付价值的形式，而只是它的量。

最后，G'形式上资本的特点。在G'中，资本又回到它原来的形式G，即货币形式，但这是它已经作为资本实现的形式。首先，这里有一个数量上的差别。原来G是422镑，现在G'是500镑，这个差别表现在循环的数量不同的两极G…G'中，循环运动本身只是用虚线"…"表示。G'>G，G'-G = M，即剩余价值。但是，作为G…G'循环的结果，现在只有G'存在。它是这样一种产物，在这种产物中，它的形成过程已经消失。G'现在是独立存在的，和产生它的运动无关。运动已经完结，代替它的是G'。G'是作为资本关系存在的，G已经不再是单纯的货币，而是明显地成了货币资本，它表现为一个已经自行增殖的价值，因而也具有自行增殖即比原有价值生出更多价值的属性。G所以成为资本，是由它对G'的另一个部分的关系决定的，后者是由它生出的，是它作为原因引起的，是它作为基础产生的结果。因此，G'是一个内部分化了的、自身在职能上区别开来的、表现着资本关系的价值额。

但是，这里表现出的只是结果，而没有表现出造成这个结果的过程的媒介。价值的各部分本身是没有质的区别的，除非它们表现为不同物品即具体物的价值，就是说，表现在不同的使用形式上，因而表现为不同商品体的价值，这种区别并不是由于它们自身作为单纯的价值的各部分而产生的。在货币上，商品的一切差别都消灭了，因为货币正是一切商品的共同的等价形式。在货币上，甚至商品与非商品(比如良心、廉耻)的差别也消灭了。一个500元的货币额，是由完全同名的要素1元构成的。因为在这个货币额的简单存在上，这个货币额借以产生的媒介已经消失，因为不同的资本组成部分在生产过程中所具有的特殊差别的任何痕迹都已经消失，所以差别仅仅存在于本金和超额价值额的概念的形式上了。

只要G'继续能动地作为货币资本执行职能，而不是相反地作为已经增殖的产业资本的货币表现固定下来，那么G'在代表G…G'运动的结果时所包含的本金和增长额之间的这种没有概念的区别就会立即消失。货币资本的循环绝不能从G'开始(虽然G'现在是作为G执行职能)，而只能从G开始，就是说，绝不能作为资本关系的表现，而只能作为资本价值的预付形式。表现为G'，不是货币资本的能动的职能，相反，货币资本本身表现为G'，是W'的职能。就是在简单商品流通W1—G和G—W2中，G也只是在第二个行为G—W2中才能动地执行职能。它表现为G，只是第一个行为的结果，只是借助这个行为，它才作为W1的转化形式出现。G'所包含的资本关系，即其中作为资本价值的部分和其中作为它的价值增殖额的另一部分的关系，就下面一点来说当然具有职能的意义：

在G…G'循环不断反复时，G'分成两个流通，资本流通和剩余价值流通。所以两个部分不仅在量上执行不同的职能，而且在质上执行不同的职能，G执行的职能不同于g。不过就本身考察而言，G…G'形式并不包含资本家的消费，而只包含价值自行增殖和积累，因为积累首先表现为不断重新预付的货币资本的周期增长。

G' = G+g，虽然是资本的没有概念的形式，但只有它同时才是已经实现的形式的货币资本，是已经生出货币的货币。但是，这里要和第一阶段G—W=A+Pm中的货币资本的职能相区别。在第一阶段中，G是作为货币流通的。它作为货币资本执行职能，只是因为它只有在货币状态中才能够执行货币的职能，才能够转化为作为商品和它相对立的P的要素，即A和Pm。在这个流通行为中，它只是作为货币执行职能，但是因为这个行为是处于过程中的资本价值的第一阶段，所以，由于所买商品A和Pm的特殊的使用形式，这个行为同时又是货币资本的职能。相反，由资本价值G和它所产生的剩余价值g构成的G'，却是表现已经增殖的资本价值，资本总循环过程的目的和结果，资本总循环过程的职能。G'以货币形式，作为已经实现的货币资本表现这个结果，并不是由于它是资本的货币形式，是货币资本，相反，是由于它是货币资本，是货币形式的资本，是由于资本是以这种形式使过程开始的，是以货币形式实行预付的。我们已经知道，再转化为货币形式，是商品资本W'的职能，而不是货币资本的职能。至于G'和G的差额，即g只是w（W的增殖额）的货币形式。G'=G+g，仅仅因为W'已经等于W+w。因此，这个差额以及资本价值和它生出的剩余价值的关系，在两者转化为G'，转化为一个货币额以前，已经存在并表现在W'中了，而在这个货币额中，两个价值部分独立地彼此对立着，因此可以用来执行独立的互相区别的职能。

G'只是W'实现的结果。W'和G'两者只是已经增殖的资本价值的不同形式：商品形式和货币形式，两者有一个共同点，它们都是已经增殖的资本价值。两者都是已经实现的资本，因为在这里，资本价值本身是和那种与它不同的、由于它而取得的果实即剩余价值一起存在的，虽然这种关系只是表现在一个货币额或一个商品价值的两个部分之间的关系的没有概念的形式上。但是，作为一个和自己所产生的剩余价值互相关联而又互相区别的资本的表现，即作为一个已经增殖的价值的表现，G'和W'是同一个东西，表现着同一个东西，只是形式不同而已。它们不是作为货币资本和商品资本互相区别，而是作为货币和商品互相区别。既然它们都代表已经增殖的价值，都代表发挥了资本作用的资本，所以，它们都只是表现生产资本的职能的结果，只有在这种职能中资本价值才能生出价值。货币资本和商品资本的共同点是两者都是资本的存在方式。一个是货币形式的资本，另一个是商品形式的资本。因此，使它们互相区别的特殊职能，只能是货币职能和商品职能之间的区别。商品资本，作为资本主义生产过程的直接产物，使人想起它的这种起源，因而，它在这种形式上比货币资本较为合理，不像货币资本那样没有概念。在货币资本中，资本主义生产过程的任何痕迹都已消失，正像在货币上商品的一切特殊的使用形式都消失一样。因此，只有在G'本身执行商品资本职能的地方，在它本身就是生产过程的直接产物而不是这个产物的转化形式的地方，即在货币材料本身的生产上，它的奇怪的形式才会消失。

二、生产资本的循环

首先，生产资本循环的总公式。生产资本循环的总公式是P⋯W'—G'—W⋯P。这个循环表示生产资本职能的周期更新，也就是表示再生产，或者说，表示资本的生产过程是增殖价值的再生产过程。它不仅表示剩余价值的生产，而且表示剩余价值的周期再生产。它表示，处在生产形式上的产业资本不是执行一次职能，而是周期反复地执行职能。因此，过程的重新开始，已由起点本身规定了。W'的一部分（比如在产业资本的某些投资部门内)可以直接再作为生产资料，进入把它当作商品生产出来的同一劳动过程。这样，它的价值就不用转化为实在货币或货币符号，或者它只是取得计算货币这种独立表现。这部分价值不进入流通。这样，有的价值不进入流通过程而是进入生产过程。相应于后来出现的投入产出表技术，W'中被资本家作为剩余产品部分以实物形式消耗的那一部分，也是这样。不过，这种情况对于资本主义生产来说并不重要，最多在农业上值得注意。

其次，生产资本的循环和货币资本循环之间的两点区别。一是在第一种形式G…G'中，生产过程，即P的职能，使货币资本的流通中断，只是在G—W和W'—G'这两个阶段之间充当媒介。而在这里，产业资本的总流通过程，它在流通阶段的全部运动，只是发生在作为始极使循环开始的生产资本和作为终极以同一形式即以循环重新开始的形式使循环结束的生产资本这两者之间，使两者中断，从而只是充当两者之间的媒介。真正的流通，只是表现为周期更新的和通过更新而连续进行的再生产的媒介。二是总流通表现的形式和它在货币资本循环中具有的形式相反。在货币资本的循环中，撇开价值规定不说，总流通的形式是G—W—G(G—W·W—G)。在生产资本的循环中，同样撇开价值规定不说，总流通的形式却是W—G—W(W—G·G—W)，因而是简单商品流通的形式。

（一）简单再生产

首先，生产资本是在原有规模还是在扩大规模上循环，完全取决于资本家对剩余价值的不同使用用途。马克思先考察P…P二极之间在流通领域内进行的过程：W'—G'—W。这个流通的起点是商品资本W'=W+w=P+w。商品资本的职能W'—G'(这就是实现商品资本中包含的资本价值P，在这里就是商品组成部分W，以及实现商品资本中包含的剩余价值，在这里就是同一商品量中价值等于w的那一组成部分），已经在循环的第一种形式中考察过了。但是在那里，它形成被中断的流通的第二阶段和整个循环的结束阶段。在这里，它形成循环的第二阶段，但又形成流通的第一阶段。第一次循环以G'告终，因为G'和原来的G一样，可以重新作为货币资本开始第二次循环，所以包含在G'中的G和g(剩余价值)是继续在同一条轨道上运行，还是走上不同的轨道，起初没有必要作进一步的研究。假如我们进一步探讨第一次循环怎样更新，那就有必要来研究这个问题了。但是在生产资本的循环中，这一点是必须确定的，因为它的第一次循环的性质就要取决于这一点，而且在这个循环中，W'—G'表现为流通的第一阶段，这个阶段要由G—W来补充。这个公式代表简单再生产还是代表规模扩大的再生产，就取决于这一点是怎样确定的。因此，循环的性质随着这种确定而变化。

其次，简单再生产条件下生产资本在流通阶段的循环情况。商品资本W'一旦转化为货币，货币总额中代表资本价值的那一部分就在产业资本的循环中继续流通。另一部分，即已经转化为本金的剩余价值，则进入一般的商品流通，这是以资本家为起点的货币流通，不过是在他的单个资本的流通之外进行的。g—w是一系列用货币进行的购买。资本家或是用这个货币购买真正的商品，或是用来支付他自己或家庭的服务(生活消费型服务)费用。这种购买是分散的，是在不同期间进行的。因此，这种货币暂时采取专供日常消费之用的货币储备或贮藏货币的形式，因为流通中断的货币就处在贮藏货币的形式上。这种货币的流通手段职能（也包含货币暂时充当贮藏货币的形式）不进入货币形式G上的资本的流通。这种货币不是预付的，而是花掉的。W'中包含的资本价值和剩余价值，通过W'—G'总会分开，分成不同的货币额。在这两种场合，G和g实际都是价值的转化形式，这个价值原来在W'中只是具有商品价格这种独特的、观念上的表现。

w—g—w是简单的商品流通。它的第一阶段w—g包含在商品资本的流通W'—G'中，从而包含在资本的循环中，相反，它的补充阶段g—w却在这个循环之外，成为同这一循环相分离的一般商品流通的行为。W和w，即资本价值和剩余价值的流通，在W'转化为G'之后分开了。一是当商品资本由W'—G'=W'—(G+g)而实现时，在W'—G'中还是共同进行并由同一商品量承担的资本价值和剩余价值的运动，就变成可以分离的运动，因为现在两者都是货币额，具有独立的形式。

如果发生这种分离，就是说g作为资本家的收入花掉，而G作为资本价值的职能形式继续沿着它的由循环决定的轨道运行，那么，第一个行为W'—G'和相继发生的行为G—W和g—w联系起来看，就可以表现为两个不同的流通：W—G—W和w—g—w。就一般形式来说，这两个流通序列都属于普通商品流通。此外，就不可分割的具有连续性的商品体来说，它的价值的各个组成部分实际上是观念地分割开来的。

如果在W和G中还是共同进行的资本价值和剩余价值的运动，只是部分地分离(以致剩余价值的一部分不是作为收入花掉)，或者根本不分离，那么，资本价值本身还在它的循环中，还在它的循环完成以前就发生一种变化。比如生产资本的价值等于422镑，假定这个资本以480镑或500镑继续通过G—W，它就作为一个比原来价值增长58镑或78镑的价值，通过循环的后面各个阶段。这种变化同时还可能和资本价值构成的变化结合在一起。W'—G'，在G…G'的循环中是流通的第二阶段和这个循环的终结阶段。在现在这个循环中，却是这个循环的第二阶段和商品流通的第一阶段。因此，从流通来看，它必须用G'—W'补充。但是，W'—G'不仅发生在价值增殖过程(在这里是P执行职能，是第一阶段)之后，而且价值增殖过程的结果，商品产品W'也已经实现。因此，资本的价值增殖过程和体现了已经增殖的资本价值的商品产品的实现，都是以W'—G'结束的。

最后，W'—G'中的矛盾和经济危机。要使资本价值的循环继续下去，要使资本家消费剩余价值，W'—G'行为所要求的只是W'转化为货币，被卖掉。当然，W'被购买，只是因为这种物品是一种使用价值，可供某种生产消费或个人消费。但是如果W'继续流通，比如在购买钢铁的商人手中继续流通，那对于把钢铁生产出来并卖给商人的单个资本的循环的继续进行，起初也不会有什么影响。整个过程继续进行，而且由此决定的资本家和工人的个人消费也继续进行。把G'表现为g对G的关系，表现为资本关系，直接地说，不是货币资本的职能，而是商品资本W'的职能。商品资本W'本身，作为w和W的关系，又只是表示生产过程的结果，只是表示资本价值在生产过程中自行增殖的结果。如果流通过程的继续进行遇到障碍，G由于市场状况等外部情况而不得不中止它的G—W职能，因而在一个或长或短的期间停留在货币状态中，这时货币便又处于贮藏货币状态。这种状态在简单商品流通中也会发生，如果由W—G到G—W的转变因外部情况而发生中断，这是非自愿的货币贮藏。因此在我们考察的场合，货币具有闲置的、潜在的货币资本的形式。

（二）积累和规模扩大的再生产

首先，剩余价值资本化要有先行的货币积累。生产过程可能扩大的比例不是任意规定的，而是技术上规定的。因此，已经实现的剩余价值虽然要资本化，但往往要经过若干次循环的反复，才能增长到必要的规模，这时它才能实际执行追加资本的职能，即进入处在过程中的资本价值的循环。因此，这个剩余价值凝结为贮藏货币，并在这一形式上形成潜在的货币资本。这种货币资本之所以是潜在的，是因为在它停留于货币形式时，不能作为资本发生作用。可见，在这里，货币贮藏表现为一种包含在资本主义积累过程中，随着它发生，但同时又和它有本质区别的要素。因为潜在的货币资本的形成并不使再生产过程本身扩大。正好相反，潜在的货币资本在这里形成，倒是因为资本主义生产者不能直接扩大他的生产的规模。如果他把他的剩余产品卖给一个把新的金或银投入流通的金或银的生产者，或者卖给一个用一部分本国剩余产品从外国换进追加的金或银的商人，那么结果是一样的，他的潜在的货币资本就在本国金或银的贮藏中形成一个增长额。

如果货币在资本家的交易中执行支付手段的职能(其方式是商品要经过或长或短的时期才由买者支付)，那么，要资本化的剩余产品就不转化为货币，而转化为债权，也就是对买者或许已经到手或许可望到手的等价物的所有权。资本主义生产的全部性质，一是由预付资本价值的增殖决定的，即首先是由生产尽可能多的剩余价值决定的；二是由资本的生产，即由剩余价值到资本的转化决定的。积累或规模扩大的生产，是剩余价值生产不断扩大，从而资本家发财致富的手段，是资本家的个人目的，并且包含在资本主义生产的一般趋势中，但是后来，如前所述的内容，由于资本主义生产的发展，它对于任何单个资本家都成为一种必要。他的资本的不断增大，成为保存他的资本的条件。

其次，扩大再生产条件下生产资本循环公式。在前面马克思先是考察了简单再生产，并假定全部剩余价值作为收入花掉。实际上，剩余价值在正常情况下总要有一部分作为收入花掉，另一部分则资本化，至于一定期间内生产的剩余价值是否有时全部消费掉，有时全部资本化，这是完全没有关系的。从运动的平均情况总公式也只能代表这个平均情况来看，这两种情形都会发生。为了不使公式复杂化，马克思还是假定将剩余价值全部积累起来。公式 $P \cdots W'—G'—W'=A+Pm \cdots P'$ 表示这样一个生产资本，它按更大的规模，以更大的价值被再生产出来，并且又作为已经增大的生产资本，开始它的第二次循环，即更新它的第一次循环。一旦这第二次循环开始，P就又成为起点。不过，这个P，和第一个P相比，已经是一个更大的生产资本。正如在 $G \cdots G'$ 公式中当G'开始第二次循环时，G'是作为G，作为一定量的预付货币资本执行职能，它和用来开始第一次循环的货币资本相比，是一个更大的货币资本。但是，一旦它作为预付货币资本执行职能，它由剩余价值资本化而增大的一切关系便都消失了。这个起源在它用来开始循环的货币资本的形式中消失了。一旦P'作为一个新循环的起点执行职能，情形也是这样。

马克思通过拿 $P \cdots P'$ 和 $G \cdots G'$ 即第一种循环比较而发现，两者的含义完全不同。$G \cdots G'$ 作为一个孤立的循环来看，不过表示货币资本(即作为货币资本进行循环的产业资本)G是会生出货币的货币，会生出价值的价值，它会生出剩余价值。而在P的循环中，价值增殖过程本身在第一阶段即生产过程结束时已经完成，在第二阶段(流通的第一阶段)W'—G'完成之后，资本价值+剩余价值就已经作为实现了的货币资本，作为G'存在了，而G'在第一种循环中是作为终极出现的。剩余价值的生产，在P…P形式中，由w—g—w表示出来，w—g—w的第二阶段不属于资本流通，而表示作为收入的剩余价值的流通。因此，在全部运动由P…P表示，因而两极之间不存在价值差额的这个形式中，预付价值的增殖，即剩余价值的生产，是和在G…G'中一样被表示出来的。不过，W'—G'行为在G…G'中是表现为最终阶段，在P…P中则表现为循环的第二阶段，流通的第一阶段。在P…P'中，P'所表示的，不是剩余价值生产出来，而是生产出来的剩余价值已经资本化，即资本已经积累，因此，P'和P不同，它是由原有的资本价值加上在这个资本价值的运动中积累起来的资本的价值构成的。

因此，在马克思看来，作为G…G'的单纯终结的G'，以及在这一切循环中出现的W'，就其自身来看，不是表现运动，而是表现运动的结果，即以商品形式或货币形式实现的资本价值的增殖，因而是把资本价值表现为G+g或W+w，表现为资本价值和剩余价值的关系。它们把这个结果表现为已经增殖的资本价值的不同的流通形式。但是不论在W'形式上，还是在G'形式上，所发生的价值增殖本身，既不是货币资本的职能，也不是商品资本的职能。

作为与产业资本的特殊职能相适应的不同的特殊形式或存在方式，货币资本只能完成货币的职能，商品资本只能完成商品的职能，两者的区别只是货币和商品的区别。同样，生产资本形式的产业资本，也和任何别一种形成产品的劳动过程一样，只能由这样的要素构成：一方面是物化的劳动条件(生产资料)，另一方面是生产地(有目的地)发挥作用的劳动力。由于这种目的是资本家的而不是劳动力本身的，因而需要管理来引导劳动力按资本家的目的发挥作用。产业资本在生产领域只能存在于一般生产过程，它在流通领域也只能存在于两种和流通领域相适应的形式，即商品形式和货币形式中。

但是，由于劳动力是别人的劳动力，资本家要从劳动力所有者那里购买劳动力，就像要从其他商品所有者那里购买生产资料完全一样，所以各种生产要素的总和从一开始就表现为生产资本，因而生产过程本身也表现为产业资本的生产职能。同样，货币和商品也表现为同一产业资本的流通形式，因而，它们的职能也表现为产业资本的流通职能，这些职能或者是生产资本的职能的先导，或者是从生产资本的职能中产生。货币职能和商品职能所以同时又是货币资本的职能和商品资本的职能，只是由于它们作为产业资本在循环过程不同阶段上所要完成的职能的形式是互相联系的。因此，企图从货币和商品的资本性质得出表明货币所以是货币、商品所以是商品的特征的那些属性和职能，是错误的。反过来，企图从生产资本采取的生产资料这一存在方式上得出生产资本的属性，同样是错误的。

马克思认为，一旦G'或W'作为G+g或W+w固定下来，即作为资本价值和它的剩余价值的关系固定下来，这种关系就会在两种形式上表示出来，一次是在货币形式上，一次是在商品形式上，不过这对问题本身没有什么影响。因此，这种关系既不是来源于货币本身所有的属性和职能，也不是来源于商品本身所有的属性和职能。在这两个场合，表明资本特征的属性，即资本是生出价值的价值，只表现为结果。W'始终是P的职能的产物，G'始终只是W'在产业资本循环中的转化形式。因此，已经实现的货币资本，只要重新开始执行它作为货币资本的特殊职能，就不再表现那种包含在G'=G+g中的资本关系。当G…G'已经完成，G'重新开始循环时，G'中所包含的剩余价值即使全部资本化了，G'也不是作为G'，而是作为G出现。

（三）货币积累

在马克思的分析中，g这个转化为本金的剩余价值，能否立即再加入处在过程中的资本价值，从而和资本G一起，形成G'量而进入循环过程，这要取决于一些和g的单纯存在无关的情况。贮藏货币形式只是不同于在流通中的货币形式，这种货币的流通中断了，因此就保存在货币形式上。至于货币贮藏的过程本身，它是一切商品生产所共有的，而只有在不发达的、资本主义以前的商品生产形式中，才为贮藏货币而贮藏货币。而在这里，贮藏货币表现为货币资本的形式，货币贮藏表现为随着资本积累暂时发生的过程，这是因为货币在这里充当潜在的货币资本，货币贮藏即是以货币形式存在的剩余价值的贮藏状态。对于剩余价值转化为实际执行职能的资本来说，是一个在资本循环之外进行的、职能上确定的预备阶段。可见，它是潜在的货币资本，就是由于它的这种使命，因而，它为了进入过程而必须达到的数量，每一次都是由生产资本的价值构成决定的。但只要它停留在贮藏状态中，它就还不是执行货币资本的职能，而是闲置的货币资本。还是像前面所说的那种职能中断的货币资本，只是还不能执行职能的货币资本。马克思在此考察的货币积累，是它的本来的实在的形式，是实际的货币贮藏。货币积累也能存在于出售W'的资本家的单纯的贷款即债权的形式上。

（四）准备金

马克思在前面考察的形式上作为剩余价值存在形式的贮藏货币，是货币积累基金，是资本积累暂时具有的货币形式，而且它本身是资本积累的条件。不过，这种积累基金还可以完成特殊的附带的职能，也就是可以进入资本的循环过程，而并没有使这个过程具有P…P'的形式，即没有使资本主义的再生产扩大。

首先，准备金及其作用。如果W'—G'过程超出了正常时间，商品资本不正常地停滞在它向货币形式转化的过程中；或者在这种转化完成之后，比如说，货币资本必须转化成的生产资料的价格上涨，超过了循环开始时的水平，这种起着积累资金作用的贮藏货币，就可以用来代替货币资本或它的一部分。这样，货币积累基金就充当准备金，来消除循环中出现的干扰。它作为这样的准备金，与在P…P循环中看到的购买手段或支付手段的基金是不同的。这种购买手段和支付手段是执行职能的货币资本的一部分，这个资本的各部分只是在不同的时期相继执行职能。在生产过程连续进行中，准备货币资本不断形成，因为今天收进货款，以后才需要再把它支出；今天卖出大量商品，以后才需要再买进大量商品。因此，在这期间，流动资本的一部分不断以货币形式存在。相反，准备金不是执行职能的资本的组成部分，确切地说，不是执行职能的货币资本的组成部分，而是处在积累的预备阶段中的资本的组成部分，是还没有转化为能动资本的剩余价值的组成部分。此外，资本家在急需的时候会不顾他手中的货币的规定职能，而动用他拥有的一切，来保证他的资本的循环过程照常进行。

其次，简单再生产和扩大再生产的生产资本循环的总公式。货币积累基金已经是潜在的货币资本的存在，也就是说，已经是货币到货币资本的转化。把简单再生产和规模扩大的再生产总括在内的生产资本循环的总公式是：P⋯W'—G'·G—W=A+Pm⋯P(P')。如果P=P，后一个G就等于G'-g；如果P=P'，后一个G就大于G'-g，这就是说，g是全部或部分地转化为货币资本。

三、商品资本的循环

马克思在这里深入分析了产业资本循环的第三种形式。商品资本循环的总公式是：W'—G'—W⋯P⋯W'。W'不仅是前面两种循环的产物，而且是它们的前提，因为，只要生产资料本身至少有一部分是另一些处在循环中的单个资本的商品产品，一个资本的G—W就已经包含另一个资本的W'—G'。如果再生产按扩大的规模进行，终点的W'就大于起点的W'，因此，终点的W'应当用W"来表示。

商品资本循环和其他两种循环形式的联系和区别。首先，在这里是以包含两个对立阶段的总流通来开始循环。在形式I中，流通为生产过程所中断，在形式II中，包含两个互相补充阶段的总流通，只是再生产过程的媒介，因此是P⋯P之间的媒介运动。在G⋯G'中，流通形式是G—W⋯W'—G'=G—W—G。在P⋯P中则相反，流通形式却是W'—G'·G—W=W—G—W。在W'⋯W'中，流通形式与后一个形式相同。在循环I和II的反复中，即使终点的G'和P'是更新的循环的起点，它们产生时的形式也会消失。G'=G+g和P'=P+p重新作为G和P开始新的过程。但是在形式III中，即使循环以相同的规模更新，起点W也必须用W'来表示，而这是由于如下原因。在形式I中，只要G'本身开始新的循环，它就作为货币资本G，作为以货币形式预付的待增殖的资本价值执行职能。预付的货币资本的量由于在第一个循环中实行的积累而增加，变得更大了。但不论预付的货币资本的量是422镑还是500镑，都不会改变这种情况——它是单纯的资本价值。G'不再作为已经增殖的即包含剩余价值的资本，不再作为资本关系而存在，它要在过程中才增殖价值。

P…P'也是这样，P'总是要作为P，作为要生产剩余价值的资本价值继续执行职能，使循环更新。相反，商品资本的循环不是以资本价值开始的，而是以商品形式上增大了的资本价值开始的，因而它一开始就不仅包含商品形式的资本价值的循环，而且包含剩余价值的循环。因此，如果简单再生产以这种形式进行，在终点就会出现一个和起点上一样大的W'。如果一部分剩余价值进入资本循环，在终点出现的虽然不是W'，而是W"，一个更大的W'，但下一个循环会再次以W'开始，不过和前一个循环相比，那是一个更大的W'，它用更大的已经积累的资本价值，因此也是用较大的新生产的剩余价值，开始它的新的循环。在所有情况下，W'总是作为一个商品资本(商品资本=资本价值+剩余价值)来开始循环。

马克思指出，在单个的产业资本的循环中作为W的W'，不是这个资本的形式，而是另一个生产生产资料的产业资本的形式。

第一个资本的G—W(即G—Pm)行为,对这第二个资本来说,就是W'—G'。在流通行为G—W=A+Pm中,A和Pm就下面这一点来说是相同的。它们都是一方面是出卖劳动力的工人,另一方面是出卖生产资料的生产资料所有者手中的商品。对于在这里把货币作为货币资本执行职能的买者来说,只要他还没有购买它们,只要它们还是作为别人所有的商品,和他的货币形式的资本相对立,它们就只执行商品的职能。在这里,Pm和A只是就下面这一点来说是互相区别的,即如果Pm是卖者的资本的商品形式,Pm在它的卖者手中就=W',就能成为资本;而A对工人来说却始终只是商品,要到买者手中,作为P的组成部分,才成为资本。

因此,W'绝不能作为单纯的W,作为资本价值的单纯商品形式来开始循环。作为商品资本,它总是一个二重物。从使用价值的观点看,它是P执行职能的产物,在这里是纱布,而作为商品来自流通的P的要素,即A和Pm,只是作为这种产品的产品形成要素发生作用。从价值的观点看,它是资本价值P加上P执行职能时产生的剩余价值m。只有在W'本身的循环中,W(P=资本价值)才能够并且必须和W'中的剩余价值借以存在的部分,即包含剩余价值的剩余产品分离,而不管这两部分实际上是能够分离,如纱布,还是不能够分离,如机器。一旦W'转化为G',它们就总是可以分离的。

其次,W'是起点对整个循环的作用及一般特点。一是在形式

Ⅰ G…G'中，生产过程出现在资本流通的两个互相补充又互相对立的阶段的中间。在终结阶段W'—G'出现以前，它已经过去了。货币作为资本先是预付在各种生产要素上，由这些生产要素转化为商品产品，这种商品产品再转化为货币。这是一个完全的营业周期，其结果是可以用于一切东西的货币。因此，新的开始只是有了可能。G…P…G'可以是在一个单个资本从营业退出时，结束这个资本的职能的最后的循环，也可以是一个新执行职能的资本的最初的循环。在这里，一般的运动是G…G'，即由货币到更多的货币。

二是在形式Ⅱ P…W'—G'—W…P(P')中，总流通过程跟随在第一个P的后面，发生在第二个P的前面，但它的顺序和形式Ⅰ中相反。第一个P是生产资本，它的职能是生产过程，即随之而来的流通过程的先决条件。相反，结束的P不是生产过程，它不过是产业资本在生产资本形式上的再存在，而且它是资本价值在最后流通阶段转化为A+Pm，转化为主观因素和客观因素的结果，这两种因素结合起来就是生产资本的存在形式。资本不论是P还是P'，终结时会再次出现在必须重新执行生产资本职能，完成生产过程的形式上。运动的一般形式P…P是再生产的形式，它与G…G'不同，不表示价值增殖是过程的目的。

三是在形式Ⅲ W'—G'—W…P…W'中，循环由流通过程的两个阶段开始，并且和形式Ⅱ P…P中的顺序相同。然后出现的是P，并且它和形式I中一样执行职能，即进行生产过程。循环以生产过程的结果W'结束。在形式II中，循环以生产资本单纯的再存在P结束，同样，在这里，循环以商品资本的再存在W'结束。在形式II中，资本在它的结束形式P上，必须使过程作为生产过程重新开始。同样，在产业资本以商品资本形式再出现时，循环也必须用流通阶段W'—G'重新开始。循环的这两个形式都没有完成，因为它们都不是用G'即已经再转化为货币的、已经增殖的资本价值来结束。所以，两者必须继续进行，因而都包含着再生产。形式III的总循环是W'…W'。

第三种形式和前两种形式的区别在于：只有在这种循环中，表现为价值增殖的起点的，是已经增殖的资本价值，而不是原来的有待增殖的资本价值。在这里，W'作为资本关系是起点，并且作为这种关系，对整个循环起决定性的作用，因为这个循环还在自己的第一阶段就既包含资本价值的循环，也包含剩余价值的循环，而剩余价值，即使不是就每一个循环来说，而是就平均来说，必须有一部分作为收入花掉，经过w—g—w流通，有一部分作为资本积累的要素发挥作用。

在W'…W'形式中，全部商品产品的消费是资本本身循环正常进行的条件。工人的个人消费和剩余产品中非积累部分的个人消费，包括全部的个人消费。因此，全部消费（个人的消费和生产的消费）作为W'的循环的条件进入这一循环。生产消费(其实也包括工人的个人消费，因为在一定界限之内，劳动力是工人个人消费的产物)是由每个单个资本自己进行的。个人消费——除了资本家个人生存所必需的消费——只是作为社会的行为，而绝不是作为单个资本家的行为包含在这个循环中。资本家个人生存所必需的消费也是(资本主义的)生产消费。这是因为，没有资本家就没有资本主义的生产。但这一点并不能作为资本家"应当"享有剩余价值的理由。

在形式I和形式II中，总运动都表现为预付资本价值的运动。在形式III中，表现为全部商品产品的已经增殖的资本成为起点，并具有运动着的资本即商品资本的形式。只是在这个商品资本转化为货币以后，这个运动才分成资本的运动和收入的运动。在这个形式上，社会总产品的分配(分为个人消费基金和再生产基金两部分)，同任何单个商品资本的产品的特殊分配一样，已经包含在资本的循环中。

最后，W'…W'是社会总资本的运动形式。在G…G'中，有循环扩大的可能，这要看g中有多大的量进入更新的循环而定。在P…P中，P能够用相同的、也许更小的价值来开始新的循环，但还是代表规模扩大的再生产。例如，各种商品要素由于劳动生产率提高而变得便宜时就是这样。反之，价值增大的生产资本也可以代表物质规模缩小的再生产，例如各种生产要素变得昂贵时就是这样。这对W'…W'也是适用的。在W'…W'中，商品形式的资本是生产的前提。在这个循环中在第二个W上，它重新表现为前提。如果这个W还没有生产或再生产出来，循环就被阻止。这个W必须再生产出来，大部分必须作为另一个产业资本的W'再生产出来。在这个循环中，W'是作为运动的起点、经过点和终点。因此，它总是存在着，它是再生产过程的经常性的条件。

W'…W'还由于另一个要素而同形式I和形式II相区别。这三种循环的共同点是：资本开始循环过程的形式，就是它结束循环过程的形式，因此它又处在开端的形式上，重新开始同一个循环。开端的形式G、P、W'，总是资本价值(在形式III中还包含它的增殖部分，剩余价值)进行预付的形式，因而对循环来说是资本价值原有的形式。结束的形式G'、P、W'，总是循环中的前一个与原有形式不同的职能形式的转化形式。因此，形式I的G'是W'的转化形式，形式II终点上的P是G的转化形式(在I与II中，这种转化都是由商品流通的简单行为，由商品和货币的形式换位引起的)，形式III的W'是生产资本P的转化形式。不过在形式III中，一是这种转化不仅关系到资本的职能形式，而且也关系到它的价值量；二是这种转化不是属于流通过程的单纯形式换位的结果，而是生产资本各个商品组成部分的使用形式和价值在生产过程中完成的现实转化的结果。

终极的形式G、P、W'，是各相应的循环I、II、III的前提。在终极上复归的形式，是由循环本身的形态变化序列所引起的，因而是受它制约的。W'作为一个单个产业资本的循环的终点，只是以该产业资本的不属于流通的形式P为前提，而它就是这个P的产品。G'作为形式I的终点，作为W'的转化形式(W'—G')，以买者手中的G为前提，G存在于G…G'循环之外，由W'的出售引入这个循环，变成这个循环自己的结束形式。同样，形式II的终点P以A和Pm(W)为前提，A和Pm存在于循环之外，通过G—W，作为结束的形式并入这个循环。但是撇开终极不说，单个货币资本的循环不是以货币资本的存在为前提，单个生产资本的循环也不是以生产资本的存在为前提。在形式I中，G可以是历史舞台上出现的第一个货币资本，在形式II中，P也可以是历史舞台上出现的第一个生产资本，但是形式III以W两次存在于循环之外为前提。一次是在W'—G'—W=A+Pm循环中。这个W，只要它由Pm构成，就是卖者手中的商品。只要它是资本主义生产过程的产物，它本身就是商品资本，即使不是，它也在商人手中表现为商品资本。另一次是w—g—w中的第二个w，它也必须作为商品存在，以便能被人购买。总之，A和Pm不管是不是商品资本，都和W'一样是商品，并且互相作为商品发生关系。w—g—w中的第二个w，也是如此。因此，如果W'=W(A+Pm)，它就有商品作为自己的形成要素，并且必须在流通中用同样的商品来补偿。w—g—w中的第二个w，也必须在流通中用另一些同样的商品来补偿。

四、流通时间

流通时间着重考察资本完成它的一次循环所需要的全部时间。资本通过生产领域和流通领域两阶段的运动，是按照时间的顺序进行的。资本在生产领域停留的时间是它的生产时间，资本在流通领域停留的时间是它的流通时间。所以，在马克思看来，资本完成它的循环的全部时间，等于生产时间和流通时间的总和。

首先，生产时间。生产时间包括劳动过程期间，但劳动过程期间并不包括全部生产时间，因为一部分不变资本存在于机器、建筑物等劳动资料中。它们会在不断重新反复的同一劳动过程中起作用，直到寿命终结为止。劳动过程的周期性中断，例如在夜间，虽然会使这些劳动资料的职能中断，但劳动资料仍然留在生产场所。劳动资料不仅在执行职能时属于生产场所，在它不执行职能时也是属于生产场所。另一方面，资本家必须储备一定量的原料和辅助材料，以便生产过程在相当长的时间内，按照预定的规模进行，而不受每日市场供应的偶然情况的影响。原料等的这种储备，只是逐渐地在生产中消费掉。因此，在它的生产时间和职能时间之间，就产生一种差别，生产资料的生产时间一般包括：一是生产资料作为生产资料执行职能，也就是在生产过程中起作用的时间；二是生产过程中断，从而并入生产过程的生产资料的职能中断的休止时间；三是生产资料作为过程的条件虽已准备好，即已经代表生产资本，但尚未进入生产过程的时间。

其次，即使劳动过程中断，但继续留在生产过程中的不变资本部分的价值，会在生产过程的结果中再现。各种生产资料在这里被劳动本身安置在某些条件下，让它们自己经过一定的自然过程，其结果是产生某种有用的效果或改变它们的使用价值的形式。当劳动把它们作为生产资料实际有目的地消费时，总是把它们的价值转移到产品中去。不论劳动必须借助劳动资料不断作用于劳动对像，以产生这种效果，还是劳动只需给个推动力，把生产资料安置在一定条件下，使生产资料由于自然过程的作用，无需再加劳动，自己发生预想的变化，情况都是如此。当生产资本处在超过劳动时间的那一部分生产时间时，即使价值增殖过程的完成和它的这种休止是不可分离的，生产资本还是不会增殖。显然，生产时间和劳动时间越吻合，在一定期间内一定生产资本的生产效率就越高，它的价值增殖就越大。因此，资本主义生产的趋势，是尽可能缩短生产时间超过劳动时间的部分。不过，资本的生产时间虽然可以和它的劳动时间不一致，但前者总是包含后者，而且超过的部分本身就是生产过程的条件。

最后，在流通领域中，资本是作为商品资本和货币资本存在的。资本的两个流通过程分别是：由商品形式转化为货币形式和由货币形式转化为商品形式。商品转化为货币在这里同时就是包含在商品中的剩余价值的实现，货币转化为商品同时就是资本价值转化为，或再转化为它的各种生产要素的形式，这种情况不影响如下的事实：这些过程，作为流通过程，是简单的商品形态变化的过程。

流通时间和生产时间是互相排斥的。资本在流通时间内不是执行生产资本的职能，因此既不生产商品，也不生产剩余价值。通过考察循环的最简单形式，也就是总资本价值每次都是一下子由一个阶段进到另一个阶段，那就很清楚，在资本流通时间持续的时候，生产过程就中断，资本的自行增殖也就中断，并且生产过程的更新根据资本流通时间的长短而或快或慢。相反，如果资本的不同部分是相继通过循环的，也就是总资本价值的循环是在资本的不同部分的循环中依次完成的，那就很清楚，资本的各组成部分在流通领域不断停留的时间越长，资本在生产领域不断执行职能的部分就必定越小。因此，流通时间的延长和缩短，对于生产时间的缩短或延长，即对于一定量资本作为生产资本执行职能的规模的缩小或扩大，起了一种消极限制的作用。资本在流通中的形态变化越成为仅仅观念上的现象，即流通时间越等于零或近于零，资本的职能就越大，资本的生产效率就越高，它的自行增殖就越大。

因此，资本的流通时间一般会限制资本的生产时间，从而也会限制它的价值增殖过程。限制的程度与流通时间持续的长短成比例。而这种持续时间的增加或减少的程度可以极不相同，因而对资本的生产时间限制的程度也可以极不相同。但是马克思之前的政治经济学看到的只是表面的现象，也就是流通时间对资本增殖过程的作用，并且把这种消极的作用理解为积极的作用，因为这种作用的结果是积极的。此外，因为这种假象似乎证明了资本有一个神秘的自行增殖的源泉，它来源于流通领域与资本的生产过程，而与劳动的剥削无关，所以以往政治经济学更是抓住这个假象不放。如果说，在科学的发展中总难免受种种假象的迷惑，那么当时代的发展已经揭露假象的时候，还紧紧抓住假象不放，这种"科学"就不成其为科学。

资本在流通领域内，不管按这个序列还是那个序列，总是要通过W—G和G—W这两个对立的阶段。因此，资本的流通时间也分成两个部分，即商品转化为货币所需要的时间和货币转化为商品所需要的时间。前面在分析简单商品流通时已经知道，W—G即卖，是资本形态变化的最困难部分。因此，在通常的情况下也会占流通时间较大的部分。作为货币，价值处在随时可以转化的形式。作为商品，它必须先转化为货币，才取得这种可以直接交换，从而随时可用的形式。可是，问题在于：在资本的流通过程中，在它的G—W阶段上，它要转化成在一定投资场所形成生产资本的一定要素的商品。生产资料也许在市场上还没有，还必须生产出来，或者要取自远方市场，或者它们的通常供给出现了障碍，价格发生了变动等情况，这些情况在G—W这个简单形式变换中看不出来，但会使流通阶段的这个部分耗费的时间时而较长，时而较短。像W—G和G—W可以在时间上分离一样，W—G和G—W也可以在空间上分离，购买市场和销售市场可以是空间上不同的市场。

五、流通费用

流通费用是在分析流通时间的基础之上进而考察资本循环在流通领域的各种费用。

（一）纯粹的流通费用

首先，买卖时间。资本由商品到货币和由货币到商品的形式转化，同时就是资本家的交易，即买卖行为。资本的这种形式转化进行的时间，从主观上，从资本家的观点来看，就是买卖时间，就是他在市场上执行卖者和买者的职能的时间。正像资本的流通时间是资本再生产时间的一个必要部分一样，资本家进行买卖，在市场上奔走的时间，也是他作为资本家、作为人格化的资本执行职能的时间的一个必要部分。这是他的经营时间的一部分，并不体现价值创造。即使这种行为由雇佣工人完成，或者在前资本主义社会由劳动者自己完成，都不体现价值创造，它只是表明劳动者被限制在非劳动的行为中无法去创造价值。所以，商人的出现可以节省劳动力。但所节省的劳动力创造的价值，并不因此而成为商人创造的，尽管商人要分享其中的一部分价值。

无论如何，用在买卖上的时间是一种不会增加转化了的价值的流通费用。这种费用是价值由商品形式转变为货币形式所必要的。如果资本主义的商品生产者是流通当事人，那么，他同直接的商品生产者的区别只是在于他的买卖规模较大，因而他作为流通当事人执行职能的范围较大。一旦他的营业范围使他必须购买或者能够购买(雇用)雇佣工人来充当他的流通当事人，事情的本质也不会发生变化。劳动力和劳动时间必须以某种程度耗费在流通过程(就它只是形式转化来说)上。但是，现在这种耗费表现为追加的资本支出，可变资本的一部分必须用来购买这种仅仅在流通中执行职能的劳动力。资本的这种预付，既不创造产品，也不创造价值。它相应地缩小预付资本生产地执行职能的范围。这就好像是把产品的一部分转化为一种机器，用来买卖产品的其余部分。这种机器是产品的一种扣除，它虽然能够减少在流通中耗费的劳动力等，但不参加生产过程，而只是流通费用的一部分。

其次，簿记。劳动时间除了耗费在实际的买卖上外，还耗费在簿记上。而簿记又耗费物化劳动，如钢笔、墨水、纸张、写字台、事务所费用。因此，在这种职能上，一方面耗费劳动力，另一方面耗费劳动资料。这里的情况和买卖时间完全一样，资本作为它的循环中的统一体，作为处在过程中的价值，无论是在生产领域还是在流通领域的两个阶段，首先只是以计算货币的形态，观念地存在于商品生产者或资本主义商品生产者的头脑中。这种运动是由包含商品的定价或计价(估价)在内的簿记来确定和控制的。这样，生产的运动，特别是在价值增殖的运动中，商品只是价值的承担者，只是这样一种物品的名字，这种物品的观念的价值存在固定为计算货币，获得了反映在观念中的象征形象。在单个商品生产者仅仅用头脑记账(例如农民，只有资本主义农业，才产生使用簿记的租地农场主)，或者仅仅在他的生产时间之外附带地把收支、支付日等记载下来的时候，很明显，他的这种职能和他执行这种职能所消耗的劳动资料，如纸张等，都是劳动时间和劳动资料的追加消耗。这种消耗是必要的，但是既要从他能用于生产的时间中扣除，又要从那种在现实生产过程中执行职能的、参加产品和价值的形成过程的劳动资料中扣除。不论这种职能集中在资本主义商品生产者手中，不再是许多小商品生产者的职能，而是一个资本家的职能，是一个大规模生产过程内部的职能，从而获得了巨大的规模；还是这种职能不再是生产职能的附带部分，而从生产职能中分离出来，成为特殊的、专门委托的当事人的独立的职能，这种职能本身的性质都是不会改变的。

马克思也指出，簿记所产生的各种费用，或劳动时间的非生产耗费，同单纯买卖时间的费用是有一定区别的。单纯买卖时间的费用只是由生产过程的一定的社会形式而产生，是由这个生产过程是商品的生产过程而产生。过程越是按社会的规模进行，越容易失去纯粹个人的性质，作为对过程的控制和观念总结的簿记就越是必要。因此，簿记对资本主义生产，比对手工业和农民的分散生产更为必要，对公有生产，比对资本主义生产更为必要。这就要求强化国有企业的财务审计和会计信息的披露。但是，簿记的费用随着生产的积聚而减少，簿记越是转化为社会的簿记，这种费用也就越少。

再次，货币。不管一种产品是不是作为商品生产的，它总是财富的物质形式，是要进入个人消费或生产消费的使用价值。作为商品，它的价值观念地存在于价格中，这个价格丝毫不改变它的现实使用形式。但是某些商品，如金和银执行货币的职能，并且作为货币专门留在流通过程(也作为贮藏货币、准备金等留在流通领域，虽然是以潜在的形式)，这纯粹是生产过程的一定社会形式，即商品生产过程的产物。因为在资本主义生产的基础上，商品成为产品的一般形式，绝大部分产品是作为商品生产的，从而必须取得货币形式，因为商品总量，即社会财富中执行商品职能的部分不断增大，所以，执行流通手段、支付手段、准备金等职能的金银量也不断增大。这些执行货币职能的商品，既不进入个人消费，也不进入生产消费。这是固定在充当单纯的流通机器的形式上的社会劳动。除了社会财富的一部分被束缚于这种非生产的形式之外，货币的磨损，要求不断得到补偿，或要求把更多的产品形式的社会劳动，转化为更多的金和银。这种补偿费用，在资本主义发达的国家是很可观的，因为一般来说，被束缚在货币形式上的财富部分是巨大的。金和银作为货币商品，对社会来说，是仅仅由生产的社会形式产生的流通费用。这是商品生产的非生产费用，随着商品生产，这种费用会随着资本主义生产的发展而增大。它是社会财富中必须为流通过程牺牲的部分。

（二）保管费用

保管费用是指由价值的单纯形式变换，由观念地考察的流通产生的流通费用，不加入商品价值。就资本家来考察，耗费在这种费用上的资本部分，只是耗费在生产上的资本的一种扣除。

首先，一般储备的形成。在产品作为商品资本存在或停留在市场上时，即在产品处在它从中出来的生产过程和它进入的消费过程之间的间隔时间，产品形成商品储备。商品资本，作为市场上的商品，从而作为储备形式的商品，在每个循环中出现两次：一次是作为处在过程中的，其循环正被考察的资本本身的商品产品；另一次则相反，是作为另一个资本的商品产品，这种产品必须出现在市场上，以便被购买，并转化为生产资本。当然，后面这种商品资本可能只是根据订货生产的。如果这样，在它被生产出来以前，就会发生中断。然而，生产过程和再生产过程的不断进行，要求一定量商品(生产资料)不断处在市场上，也就是形成储备。生产资本还包括对劳动力的购买，货币形式只是生活资料的价值形式，这种生活资料的大部分，工人必须在市场上找到。

商品资本要作为商品储备停留在市场上，就要有建筑物、栈房、储藏库、货栈，也就是要支出不变资本，还要对把商品搬进储藏库的劳动力付给报酬。此外，商品会变坏，会受有害的自然因素的影响。为了保护商品不受这些影响，要投入追加的资本，一部分投在劳动资料上，即物的形式上，一部分投在劳动力上。实际上，储备有三种形式：生产资本的形式，个人消费基金的形式，商品储备或商品资本的形式。虽然就绝对量来说，三种形式的储备可以同时增加，但是一种形式的储备会在另一种形式的储备增加时相对地减少。生产资本形式的储备，是以生产资料的形式存在的，这些生产资料或者已经处于生产过程，或者至少已经在生产者手中，也就是已经潜在地处于生产过程。

其次，真正的商品储备。在资本主义生产的基础上，商品成为产品的一般形式，而资本主义生产在广度和深度上越是发展，情况就越是这样。因此，不管和以前的各种生产方式相比，还是和发展水平较低的资本主义生产方式相比，即使生产规模相同，产品中大得不可比拟的部分是作为商品存在的。但是，任何商品，或者说任何商品资本，它只是商品不过是作为资本价值存在形式的商品，只要它不是从生产领域直接进入生产消费或个人消费，因而在这个间歇期间处在市场上，它就是商品储备的要素。

因此，商品储备本身(产品的商品形式的独立和固定)，即使在生产规模不变的情况下，也会随着资本主义生产一起增大。我们已经知道，这只是储备的形式变换，也就是说，在这一方面，储备在商品形式上之所以会增大，是因为在那一方面，它在直接的生产储备和消费储备形式上减少了。这只是储备的社会形式的变化。如果商品储备同社会总产品相比，不仅它的相对量增大，而且它的绝对量也同时增大，这是因为总产品的量随着资本主义生产一起增大了。

所以，马克思认为，不管产品储备的社会形式如何，保管这种储备，总是需要费用，需要有贮存产品的建筑物、容器等。还要根据产品的性质，耗费或多或少的生产资料和劳动，以便防止各种有害的影响。储备越是社会地集中，这些费用相对地就越少。这些支出，总是构成物化形式或活的形式的社会劳动的一部分，因而在资本主义形式上，这些支出就是资本的支出，它们不进入产品形成本身，因此是产品的一种扣除。他们作为社会财富的非生产费用是必要的。它们是社会产品的保管费用，不管社会产品成为商品储备的要素是由生产的社会形式所造成，也就是由商品形式及其必要的形式转化所造成，也不管我们把商品储备只是看作产品储备的一种特殊形式。产品储备是一切社会所共有的，即使它不具有商品储备形式这种属于流通过程的产品储备形式，情况也是如此。

(三) 运输费用

运输费用的一般规律是：一切只是由商品的形式转化而产生的流通费用，都不会把价值追加到商品上。这仅仅是实现价值或价值由一种形式转变为另一种形式所需的费用。投在这种费用上的资本(包括它所支配的劳动)，属于资本主义生产上的非生产费用。这种费用必须从剩余产品中得到补偿，对整个资本家阶级来说，是剩余价值或剩余产品的一种扣除，就像对工人来说，购买生活资料所需的时间是损失掉的时间一样。但是，运输费用起很重要的作用，因此在这里必须简短地加以考察。

首先，运输的作用。社会劳动的物质变换，是在资本循环和构成这个循环的一个阶段的商品形态变化中完成的。这种物质变换要求产品发生场所的变换，即产品由一个地方到另一个地方的实际运动。但是，没有商品的物理运动，商品也可以流通。没有商品流通，甚至没有直接的产品交换，产品也可以运输。A卖给B的房屋，是作为商品流通的，但是它并没有移动。棉花、生铁之类可以移动的商品价值，经过许多流通过程，由投机者反复买卖，但还是留在原来的货栈内。这里实际运动的，是物品的所有权证书，而不是物品本身。另一方面，例如在古印加国，虽然社会产品不作为商品流通，也不通过物物交换来进行分配，但是运输业还是起着重要的作用。因此，虽然运输业在资本主义生产基础上表现为产生流通费用的原因，但是，这种特殊的表现形式并不会改变事情的本质。

其次，运输费用的性质及其变化规律。产品总量不会因运输而增大。产品的自然属性因运输而引起的变化，不是预期的效用，而是一种不可避免的祸害。但是，物品的使用价值只是在物品的消费中实现，而物品的消费可以使物品的位置变化成为必要，从而使运输业的追加生产过程成为必要。因此，投在运输业上的生产资本，会部分地由于运输工具的价值转移，部分地由于运输劳动的价值追加，把价值追加到所运输的产品中去。在其他条件不变的情况下，由运输追加到商品中去的绝对价值量，和运输业的生产力成反比，和运输的距离成正比。在其他条件不变的情况下，由运输费用追加到商品价格中去的相对价值部分，和商品的体积和重量成正比。

最后，资本主义制度下的运输及其费用。资本主义生产方式，由于交通运输工具的发展，由于运输积聚(规模扩大)，使单个商品的运输费用减少。它使耗费在商品运输上的那部分社会劳动（活劳动和物化劳动）增加，首先因为把一切产品的绝大多数转化为商品，其次又因为远方的市场代替了当地的市场。商品在空间上的流通，即实际的移动，就是商品的运输。运输业一方面形成一个独立的生产部门，从而形成生产资本的一个特殊的投资领域。另一方面，它又具有如下的特征：它表现为生产过程在流通过程内的继续，并且为了流通过程而继续。

第二节　资本周转

综上所述，除了对资本形态变化及其循环进行阐述以外，还需要对资本周转及对周转时间的构成作最一般的阐述，并进一步阐明周转时间和周转次数的计算，才能够完整地理解和认识资本的流通过程。

一、周转时间和周转次数

首先，货币资本循环和生产资本循环是考察资本周转的适当形式。一定资本的总流通时间，等于它的流通时间和它的生产时间的总和。这就是从资本价值以一定的形式预付时起，到处在过程中的资本价值回到同一形式时止的一段时间。资本主义生产的决定目的，总是预付价值的增殖，不管这个预付价值采取它的独立的形式，即货币形式，还是采取商品形式，因而它的价值形式在预付商品的价格中具有仅仅观念上的独立性。在这两个场合，这个资本价值在它循环时都要经过不同的存在形式。这个资本价值自身的同一性，是在资本家的账簿上或在计算货币的形式上得到证实的。

因此，在马克思看来，无论是考察G…G'形式，还是考察P…P形式，这两个形式都包含以下两个方面：一是预付价值已经作为资本价值执行职能，并且已经增殖；二是预付价值通过它的过程之后，又回到它开始过程时的形式。预付价值G的增殖和与此同时资本又回到这个形式(货币形式)，在G…G'形式中是一目了然的。在第二个形式中情形也是这样，因为P的起点是生产要素即具有一定价值的商品的存在。这个形式包含这个价值的增殖(W'和G')和回到原来的形式，因为在第二个P中，预付价值重新取得了生产要素的形式，即它原来预付时的形式。

形式(I)G…G'、形式(II)P…P和形式(III)W'…W'这三个形式有如下的区别：在形式II(P…P)中，过程的更新，即再生产过程，表现为现实的，而在形式I中，只表现为可能的。但是两者和形式III相区别的是：预付的资本价值——无论它采取货币的形式，还是采取物质的生产要素的形式——是出发点，因而也是复归点。在G…G'中，复归点是G' = G+g。如果过程以同一规模更新，G就重新成为出发点，g则不进入过程，而只是表示G作为资本已经自行增殖，已经生产了一个剩余价值g，但是把它抛开了。在P…P形式中，以生产要素P形式预付的资本价值同样是出发点。这个形式同样包含预付资本价值的增殖。如果进行简单再生产，同一资本价值就以同一形式P重新开始它的过程。如果进行积聚，P'(按价值量=G'=W')就作为已经增大的资本价值开始过程。但是，资本价值虽然比以前大了，过程仍然以原来形式的预付资本价值开始。相反，在形式III中，开始过程的资本价值不是预付的资本价值，而是已经增殖的资本价值,是处在商品形式上的总财富,预付资本价值只是其中的一部分。这最后一个形式对第三章来说是很重要的,因为在那里,各单个资本的运动要和社会总资本的运动联系起来加以考察。但是在考察资本周转时,这个形式是不适用的,因为资本的周转总是以货币形式或商品形式的资本价值的预付开始,并且总是使循环中的资本价值回到它预付时的形式。至于循环I和循环II,在主要是研究周转对剩余价值的形成的影响时,分析时应该抓住前者;而在主要是研究周转对产品的形成的影响时,就应该抓住后者。

其次,资本周转和周转时间。单个资本家投在任何一个生产部门的总资本价值,在完成它的运动的循环后,就重新处在它的原来的形式上,并且能够重复同一过程。这个价值要作为资本价值永久保持和增殖,就必须重复这个过程。单个循环在资本的生活中只形成一个不断重复的段落,也就是一个周期。在G…G'这个周期的末尾,资本重新处在货币资本的形式上,这个货币资本重新通过包括资本再生产过程或价值增殖过程在内的形式转化序列。在P…P这个周期的末尾,资本重新处在生产要素的形式上,这些生产要素形成资本新的循环的前提。资本的循环,不是当作孤立的行为,而是当作周期性的过程时,叫做资本的周转。这种周转的持续时间,由资本的生产时间和资本的流通时间之和决定。这个时间之和形成资本的周转时间。因此,资本的周转时间，包含着总资本价值从一个循环周期到下一个循环周期的间隔时间，包含着资本生活过程的周期性，即包含着同一资本价值的增殖过程或生产过程更新、重复的时间。

最后，资本周转次数的计算。正如工作日是劳动力职能的自然计量单位一样，"年"是处在过程中的资本的周转的自然计量单位。假定我们用U表示周转时间的计量单位年，用u表示一定资本的周转时间，用n表示资本的周转次数，那么n=U/u。举例来说，如果周转时间u等于3个月，那么n=12/3=4，资本在一年中完成4次周转，或者说，周转4次。如果u=18个月，那么n=12/18=2/3，或者说，资本在一年内只完成它的周转时间的2/3。如果资本的周转时间等于几年，那么它就要用一年的倍数来计算。对资本家来说，他的资本的周转时间，就是他必须预付他的资本，以便使它增殖并回到它原来形式的时间。在进一步研究周转对生产过程和价值增殖过程的影响以前，我们要考察两种新的形式，这两种新形式是资本由流通过程得到的，并且会对资本周转的形式发生影响。

二、固定资本和流动资本

（一）形式区别

我们在前文中已经了解到一部分不变资本和它帮助形成的产

品相对立，保持着它进入生产过程时的一定的使用形式。

首先，固定资本及其周转。不变资本（真正的劳动资料）的特征：一是一部分资本是以不变资本的形式即生产资料的形式预付的。生产资料在它保持着进入劳动过程时的独立使用形式的期间，作为劳动过程的因素执行职能。完成的产品，从而已经转化为产品的产品形成要素，就脱离生产过程，作为商品从生产领域转移到流通领域。相反，劳动资料一进入生产领域，就不再离开。二是一部分生产资料在劳动资料执行职能时由劳动资料本身消费掉，例如煤炭由蒸汽机消费掉。或者对过程只起协助作用，例如照明用的煤气等，在物质上不加入产品，只是它们的价值形成产品价值的一部分。产品在它本身的流通中，也使这部分生产资料的价值流通。在这一点上，它们和固定资本是相同的。但是，它们在所参加的每一个劳动过程中被全部消费掉，因此对每一个新的劳动过程来说，必须全部用同一种新的物品来替换。它们在执行职能时不保持自己的独立的使用形式。

其次，流动资本及其周转。生产资本其余的要素，一部分是由存在于辅助材料和原料上的不变资本要素构成，一部分是由投在劳动力上的可变资本构成。对劳动过程和价值增殖过程的分析表明，这些不同的组成部分，作为产品形成要素和价值形成要素，是完全不同的。由辅助材料和原料构成的那部分不变资本的价值，和由劳动资料构成的那部分不变资本的价值完全一样，是作为仅仅转移的价值，再现在产品的价值中，而劳动力则通过劳动过程，把它的价值的等价物加进产品，即实际上把它的价值再生产出来。其次，一部分辅助材料，如充作燃料的煤炭、用于照明的煤气等，在劳动过程中消费掉，但不会在物质上加入产品，而另一部分辅助材料以物体加入产品，并成为产品实体的材料。不过，这一切差异，对流通来说，从而对周转的方式来说，是没有关系的。

至于生产资本中投在劳动力上的可变组成部分，则是按一定时间购买的。一旦资本家购买了劳动力并把它并入生产过程，它就构成他的资本的一个组成部分，即资本的可变组成部分。因此，预付在劳动力上的那部分生产资本的价值，完全转移到产品中去，同产品一起经过流通领域的两个形态变化，并通过这种不断的更新，不断并入生产过程。所以，不管劳动力和不变资本中非固定资本的组成部分就价值的形成来说是多么不同，它的价值的这种周转方式却和这些部分相同，而与固定资本相反。生产资本的这两个组成部分投在劳动力上的价值部分和投在非固定资本的生产资料上的价值部分由于它们在周转上的这种共同性，而作为流动资本与固定资本相对立。

最后，固定资本和流动资本之间的区别。一是价值转移的方式不一样。不管货币资本和商品资本怎样执行资本的职能，怎样顺利地流通，它们只有转化为生产资本的流动组成部分，才能够变为和固定资本相对立的流动资本。二是周转时间不一样。在固定资本周转一次的时间内，流动资本周转多次。生产资本的一个价值组成部分，只是由于它借以存在的生产资料在产品制成并作为商品离开生产过程的期间未被全部消耗掉，才取得固定资本的形式规定。三是回收方式和期限不一样。投在固定资本上的那部分生产资本的价值，是为构成固定资本的那一部分生产资料执行职能的整个期间全部一次预付的。四是更新方式不一样。要使生产过程连续进行，流动资本的各种要素就要和固定资本的各种要素一样，不断地固定在生产过程中。不过这样固定下来的流动资本要素，要不断地在实物形式上更新(生产资料是通过同一种新的物品，劳动力是通过不断更新的购买)，而固定资本的各种要素，在它们存在的整个期间内，本身既不更新，它们的购买也不需要更新。

（二）固定资本的组成部分、补偿、修理和积累

马克思提到在同一个投资中，固定资本的各个要素有不同的寿命，从而也有不同的周转时间。例如在铁路上，铁轨、枕木、土建结构物、车站建筑物、桥梁、隧道、机车和车厢，各有不同的执行职能的期间和再生产时间，从而其中预付的资本也有不同的周转时间。

首先，固定资本的磨损和更新。磨损一是由使用本身引起

的，二是由于自然力的影响造成的，三是无形损耗也起着作用。劳动资料大部分都因为产业进步而不断革新。因此，它们不是以原来的形式，而是以革新的形式进行补偿。一方面，大量固定资本投在一定的实物形式上，并且在这个形式上结束一定的平均寿命，这一点就成了只能逐渐采用新机器等的一个原因，从而就成了迅速普遍采用改良的劳动资料的一个障碍。另一方面，竞争又迫使旧的劳动资料在它们的自然寿命完结之前，用新的劳动资料来替换。迫使企业设备提前按照更大的社会规模实行更新的，主要是灾祸、危机。

其次，固定资本的维持和修理。固定资本需要有各种特别的维持费用。固定资本的维持，部分是依靠劳动过程本身。固定资本不在劳动过程内执行职能，就会损坏。固定资本的维持，还要求有直接的劳动支出，具体包括使用保存和维持，劳动期间的擦洗或维持，对机器进行专门的擦洗和维护。真正的修理或修补劳动，需要支出资本和劳动。这种支出不包括在原来预付的资本内，因此，它不能或者至少不总是能通过固定资本的逐渐的价值补偿而得到补偿和弥补。机器等的个别部分所受的损伤是偶然的，因而由此造成的修理也是偶然的。但是从这中间可以分出两类修理劳动，它们都多少具有固定的性质，并且是在固定资本寿命中不同的时期进行的。

一方面，用在修理上的劳动力和劳动资料的实际支出和造成这种修理的必要性的情况本身一样，是偶然的，必要修理量不均衡地分配在固定资本寿命的不同时期。另一方面，在估计固定资本的平均寿命时，必须肯定固定资本始终保持在工作状态中，这其中一部分是由于擦洗(包括清扫场地)，一部分是由于必要时进行的修理。由固定资本损耗而引起的价值转移，是按固定资本的平均寿命计算的，而确定这个平均寿命本身，又是以维修所需要的追加资本的不断预付为前提的。同样很清楚，通过资本和劳动的这种追加支出而追加的价值，不能在实际支出的同时，加入到商品价格中去。经验会把投在一定生产部门的固定资本在平均寿命期间遇到的这种事故和所需要的维修劳动的平均量表示出来。这种平均支出被分配在平均寿命期间，并以相应的部分加进产品的价格，从而通过产品的出售得到补偿。超出平均支出的部分将得不到补偿。

最后，折旧基金形态上的货币贮藏。社会现有的货币总有一部分作为贮藏货币闲置不用，而另一部分则执行流通手段或直接流通的货币的直接准备金的职能，但是货币总额分为贮藏货币和流通手段的比例却在不断地变化。例如，那种必须作为贮藏货币大量积累在一个大资本家手中的货币，在购入固定资本时一次投入流通。这笔货币本身在社会上又分为流通手段和贮藏货币。固定资本的价值，按照它的损耗的程度，以折旧基金的形式流回到它的起点。通过这种折旧基金，流通货币的一部分，又在一个或长或短的时间内，在那个曾经为购置固定资本把贮藏货币转化为流通手段并使它离开自己的资本家手中，形成贮藏货币。这是社会现有贮藏货币的一种不断变化的分配，它交替地充当流通手段和贮藏货币，先是执行流通手段的职能，然后又作为贮藏货币离开流通货币的总量。随着信用制度的发展，它的发展必然是同大工业和资本主义生产的发展并行的，这种货币不再执行贮藏货币的职能，而是执行资本的职能，不过不是在它的所有者手中，而是在另一些使用这种货币的资本家手中。

第三节 社会总资本的再生产和流通

马克思明确指出，资本的直接生产过程，就是资本的劳动过程和价值增殖过程。这个过程的结果是商品产品，它的决定性动机是生产剩余价值。资本的再生产过程，既包括这个直接的生产过程，也包括真正流通过程的两个阶段，也就是说，包括全部循环。这个循环，作为周期性的过程，即经过一定期间不断地重新反复的过程，形成资本的周转。在考察单个资本的周转时，货币资本显示出两个方面的作用。一是每个单个资本登上舞台，作为资本开始它的过程的形式。因此，它表现为发动整个过程的第一推动力。二是由于周转期间的长短不同和周转期间两个组成部分——劳动期间和流通期间的比例不同，必须不断以货币形式预付和更新的那部分预付资本价值与它所推动的生产资本即连续进行的生产的规模之间的比例，也就不同。但不管这个比例如何，能够不断执行生产资本职能的那部分处在过程中的资本价值，总是受到必须不断以货币形式与生产资本同时存在的那部分预付资本价值的限制。这里说的只是正常的周转，一个抽象的平均数。为消除流通的停滞而追加的货币资本是撇开不说的。正是由于这两点，所谓的"资本"受制于货币资本。

一、简单再生产

对社会资本再生产的分析在逻辑上需要从简单再生产开始，因为简单再生产是积累的一个现实因素，此外，对再生产分析的主要困难也是发生在简单再生产方面。

（一）问题的提出

马克思在考察社会资本时指出，总资本——各单个资本只形成它的分数部分，这些部分的运动，既是它们的单个的运动，同时又是总资本运动的不可缺少的环节——在一年内执行职能的结果，即如果考察社会在一年间提供的商品产品，就会清楚地看到：社会资本的再生产过程是怎样进行的，这个再生产过程和单个资本的再生产过程相比有哪些不同的特征，两者又有哪些共同的特征。年产品既包括补偿资本的那部分社会产品，即社会再生产，也包括归入消费基金的、由工人和资本家消费的那部分社会产品，就是说，既包括生产消费，也包括个人消费。这种消费包括资本家阶级和工人阶级的再生产(即维持)，因而也包括总生产过程的资本主义性质的再生产。

对于资本家在生产上消费掉的资本，就它的价值来说，怎样由年产品得到补偿？这种补偿的运动怎样同资本家对剩余价值的消费和工人对工资的消费交织在一起？因此，首先要研究原有规模的再生产。其次，不仅要假定产品按照它们的价值交换，而且还假定生产资本的组成部分没有发生任何价值革命。如果价格同价值发生偏离，这种情况对社会资本的运动并不会有任何影响。虽然单个资本家这时分到的价值份额将不再和他们各自预付的资本成比例，不再和他们每人各自生产的剩余价值量成比例，但总的来说，进行交换的仍然是同一产品量。至于价值革命，只要它是普遍地和均衡地发生的，就不会改变全部年产品的价值组成部分之间的比例。然而，只要它是局部地和不均衡地发生的，就会成为干扰。第一，这种干扰只有在被看作是对保持不变的价值比例的偏离时，才能被认为是干扰；第二，关于年产品价值以一部分补偿不变资本，以另一部分补偿可变资本的规律一经证明，那么价值革命，无论在不变资本的价值上还是在可变资本的价值上发生，都不会改变这个规律。它所改变的，只是执行着这种或那种职能的价值部分的相对量，因为原有价值将被另外的价值取而代之。

（二）社会生产的两个部类

马克思将社会的总产品，也就是社会的总生产分成两大部类：一是生产资料，具有必须进入或至少能够进入生产消费的形式的商品。二是消费资料，具有进入资本家阶级和工人阶级的个人消费的形式的商品。这两个部类中，每一部类拥有的所有不同生产部门，总合起来都形成一个单一的大的生产部门，一个是生产资料的生产部门，另一个是消费资料的生产部门。两个生产部门各自使用的全部资本，都形成社会资本的一个特殊的大部类。

每一部类的资本都分成两个组成部分：一是可变资本。从价值方面看，这个资本等于该生产部门使用的社会劳动力的价值，也就是等于为这个社会劳动力而支付的工资总额。从物质方面看，这个资本是由发挥作用的劳动力本身构成的，即由这个资本价值所推动的活劳动构成的。二是不变资本，即该部门在生产上使用的全部生产资料的价值。这些生产资料本身又分成固定资本，机器、工具、建筑物、役畜等；流动不变资本，生产材料，如原料、辅助材料、半成品等。这两个部类中，每一部类借助于这些资本而生产的全部年产品的价值，都分成代表生产上消费掉的、按其价值来说只是转移到产品中去的不变资本c的价值部分和由全部年劳动加入的价值部分。后者又分成补偿预付可变资本

v的部分和超过可变资本而形成剩余价值m的部分。因此，每一部类的全部年产品的价值，和每个个别商品的价值一样，也分成c+v+m。

（三）两个部类之间的交换：Ⅰ(v+m)和Ⅱc的交换

首先从两个部类之间的大宗交换开始。(1000v+1000m)Ⅰ——这些价值以生产资料的实物形式存在于它们的生产者手中——要和2000Ⅱc，即以消费资料的实物形式存在的价值交换。通过这种交换，第Ⅱ部类的资本家把他们的不变资本2000从消费资料形式再转化为消费资料的生产资料形式。在这种形式中，不变资本可以重新作为劳动过程的因素，并且对于价值增殖来说作为不变的资本价值执行职能。另一方面，通过这种交换，第Ⅰ部类的劳动力的等价物(1000Ⅰv)和第Ⅰ部类的资本家的剩余价值(1000Ⅰm)，在消费资料中实现，两者都由生产资料的实物形式转化为一种可以作为收入来消费的实物形式。

这种互相交换是通过货币流通完成的。货币流通成为交换的媒介，同时也使这种交换难于理解，然而它却具有决定性的重要意义，因为可变资本部分必须一再表现为货币形式，即表现为由货币形式转化为劳动力的货币资本。在整个社会范围内同时进行经营的一切生产部门，不论它们属于第Ⅰ部类还是第Ⅱ部类，可变资本都必须以货币形式来预付。资本家购买劳动力，是在劳动力进入生产过程之前(正是在此意义上称资本家对工人进行了"预付"),但是支付劳动力的报酬,却是在约定的期限,在劳动力已经在使用价值的生产上消耗掉之后。就像产品价值的其余部分一样,产品价值中仅仅作为在劳动力报酬上支出的货币的等价物的那部分价值,即产品价值中代表可变资本价值的那部分价值,也是属于资本家的。在这部分价值中,工人已经把他的工资的等价物提供给资本家了。但是,只有商品再转化为货币,即把商品卖出去,资本家的可变资本才能重新成为他的货币资本,可以为购买劳动力而重新预付。

(四) 第II部类内部的交换:必要生活资料和奢侈品

每个单个资本主义商品产品的价值分为c+v+m的这种分割,即使以不同的表现形式作为媒介,在什么程度内同样也适用于全部年产品的价值。这个问题,一方面通过I(v+m)和IIc的交换来解决,另一方面通过后面对第I部类年商品产品中Ic的再生产的分析来解决。既然II(v+m)以消费品的实物形式存在,既然第II部类为支付劳动力报酬而预付给工人的可变资本,总的来说要由工人用于消费资料,既然在简单再生产的前提下,商品价值的m部分实际上作为收入用于消费资料,那么显而易见,第II部类的工人用他们从第II部类的资本家那里得到的工资,买回他们自己产品中与他们以工资形式得到的货币价值的数量相当的一部分。因此,第II部类的资本家就把他们为支付劳动力报酬而预付的货币资本再转化为货币形式，这完全好像他们付给工人的只不过是一种价值符号。一旦工人通过购买他们自己生产的、但属于资本家的商品产品的一部分，来实现这种价值符号，这种价值符号就会回到资本家手中。不过，这种符号在这里不仅代表价值，而且也在它自己的金身或银身中具有这种价值。如果是纸币就仅仅代表价值，而本身不具有这种价值。以货币形式预付的可变资本，是通过工人阶级作为买者和资本家阶级作为卖者出现的过程而流回的。

首先，消费资料。它们进入工人阶级的消费，但因为它们是必要生活资料，所以也构成资本家阶级消费的一部分，虽然就其质量和价值来说，往往和工人的必要生活资料不同。一个是在高级商场购买，一个是在地摊上购买。为了研究的目的，可以把这整个分部类概括为必要消费资料这个项目。

其次，奢侈消费资料。它们只进入资本家阶级的消费，所以只能和花费的剩余价值交换，而剩余价值是绝对到不了工人手中的。就前一个项目来说，很明显，为了生产该项目的种种商品而预付的可变资本，一定以货币形式直接流回到第II部类中生产这些必要生活资料的那部分资本家(即IIa的资本家)手中。他们按照支付工人工资的可变资本的数额，把必要生活资料卖给他们自己的工人。尽管各有关产业部门的资本家之间的交易是很频繁的，并且通过这种交易流回的可变资本是按比例分配的，但对第II部类资本家的整个分部类a来说，这种回流是直接进行的。这是靠工人支出的货币直接提供流通手段的流通过程，而分部类IIb的情况却不同。马克思这里考察的价值产品的整个部分，即IIb(v+m)，是以奢侈品的实物形式存在的，即这种奢侈品，同以生产资料形式存在的商品价值Iv一样，工人阶级是无法购买的，尽管这种奢侈品和那种生产资料都是这些工人的产品。因此，这一分部类预付的可变资本以它的货币形式再回到资本主义生产者手中的那种回流，不能直接进行，而是像Iv一样，必须间接进行。

二、积累和扩大再生产

此部分主要考察和论述社会总资本扩大再生产得以正常进行的条件或规律。单个资本家的积累是怎样进行的？由于商品资本转化为货币，代表剩余价值的剩余产品也转化为货币。资本家把这样转化为货币的剩余价值，再转化为他的生产资本的追加的实物要素。这个增大的资本，在生产的下一个循环内，会提供更多的产品。但是，在单个资本上发生的情况，也必然会在全年的总再生产上出现，正像在考察简单再生产时已经看到的一样，在单个资本的再生产中，单个资本的已经损耗的固定组成部分相继沉淀为贮藏货币的现象，也会在社会的年度再生产上表现出来。

积累的剩余价值要转化成生产资本要素，必须具备两个前提条件：一是在一定的技术条件下，这个货币额或者足以增加正在执行职能的不变资本，或者足以开办一个新的工业企业。但是情况也可能是这样：在开始这个过程以前，即进行实际积累和扩大生产以前，剩余价值向货币的转化和这个货币的贮藏需要一个很长的时间。二是事实上生产在以前已经按扩大的规模进行，因为要使货币(以货币形式贮藏的剩余价值)能够转化为生产资本的要素，这些要素必须是在市场上可以买到的商品。即使这些要素不是作为成品来买，而是按订货制造，在这里也不会有什么差别。只有在它们存在以后，并且无论如何只有在对它们实际进行了规模扩大的再生产以后，也就是说，在它们原来正常的生产已经扩大以后，才会对它们进行支付。它们必须是可能存在的，也就是在它们的要素中存在的，因为只要有订货的刺激，即在商品存在以前预先购买，预先出售，它们的生产就可以实际进行。

（一）第I部类的积累

首先，货币贮藏。在构成第I部类的许多产业部门的资本和投在每一个这样的产业部门内的不同的单个资本，都会由于它们的年龄不同，也就是由于已经经历的执行职能的时间不同，完全撇开它们的规模、技术条件、市场关系等不说，处于剩余价值相继转化为可能的货币资本这个过程的不同阶段，而无论这种货币资本是要用来扩大信用制度，还是要用来创立新的工业企业(这是扩大生产的两种形式)，一部分资本家不断地把他们的已经增加到相应数量的可能的货币资本转化为生产资本，也就是用通过剩余价值的货币化而贮藏起来的货币来购买生产资料，即追加的不变资本要素，而另一部分资本家则仍然从事可能的货币资本的贮藏。因此，这两类资本家是互相对立的，一方作为买者，另一方作为卖者，并且每一方在这两种作用中都只起一种作用。

其次，追加的不变资本。剩余产品，剩余价值的承担者，对于它的占有者，第I部类的资本家，是不费分文的。他们用不着按任何方式预付货币或商品，就可以得到它。如果只考察价值量，扩大再生产的物质基础是在简单再生产内部生产出来的。简单说来，这种物质基础就是，直接用在第I部类生产资料的生产上的、用在第I部类潜在的追加资本的创造上的第I部类工人的剩余劳动。因此，A、A'、A"(I)方面潜在的追加货币资本的形成，通过相继出售他们的不需要任何资本主义货币支出而创造的剩余产品，在这里也就只是追加地生产出来的第I部类的生产资料的货币形式。潜在的追加资本的生产，在当前的场合(这种追加资本还可以按完全不同的方法形成)，不外是表示生产过程本身的现象，即生产资本的要素在一定形式上进行的生产。因此，追加的潜在货币资本在流通领域许多点上的大规模生产，不外是潜在的追加生产资本的多方面的生产的结果和表现，这种生产资本的形成本身并不是以产业资本家方面的任何追加货币支出为前提的。

最后，追回的可变资本。在资本主义生产的基础上，劳动力

075

总是准备好的。在必要时，不用增加所雇用工人的人数，即不用增加劳动力的量，就可以推动更多的劳动。这里所讲的是特定意义上的资本积累。因此，生产的扩大，要取决于剩余价值到追加资本的转化，也就是要取决于作为生产基础的资本的扩大。

（二）第II部类的积累

根据马克思的假定，A、A'、A"(I)是把他们的剩余产品卖给也是属于第I部类的B、B'、B"等。现在又假定，A(I)把他的剩余产品转化为货币，是由于把剩余产品卖给第II部类的B。怎样由第II部类的商品资本的一个组成部分转化为第II部类的不变资本的实物形式，是与简单再生产有关的。

首先，商品储备及其必要性。对第I部类和第II部类所有的资本家来说，都是适用的。把他们作为单纯的商品卖者来看，他们的区别只是在于，他们卖的是不同种类的商品，区别只是微观上的。第II部类的商品的储备，是以第I部类的商品先有储备为前提的。如果忽视了一方面的储备，也就必定忽视另一方面的储备。但是，如果我们把两方面都考虑到，问题就不会发生任何变化。

其次，两类储备的区别。如果在第II部类方面，今年结束时给下一年留下了商品储备，那么同样在第II部类方面，今年开始时也从上一年得到了商品储备。因此，在分析年再生产时，即把再生产还原为它的最抽象的表现时，我们必须把这两者都扣除。我们既然把全部生产列入今年的生产，那也就把今年转到下一年的商品储备包括在内。但是在另一方面把今年从去年得到的商品储备扣除，因此事实上是以一个平均年度的总产品作为分析的对象。

这种现象之所以发生，只是由于第I部类的各要素之间(就再生产来说)有了不同的组合，没有这种组合的变化，就根本不可能发生规模扩大的再生产。

第二章　资本主义生产的总过程（一）

此部分是《资本论》理论部分的终结，是恩格斯根据马克思的遗稿经过编辑整理后出版的。这一章要揭示和说明资本运动过程作为整体考察时所产生的各种具体形式。资本在自己的现实运动中就是以这些具体形式互相对立的，对这些具体形式来说，资本在直接生产过程中采取的形态和在流通过程中采取的形态，只是表现为特殊的要素。因此，在本章中将要阐明的资本的各种形式，同资本在社会表面上，在各种资本的互相作用中，在竞争中，以及在生产当事人自己的通常意识中所表现出来的形式，在一步一步地接近。

第一节　剩余价值转化为利润和剩余价值率转化为利润率

对于利润率的分析，是马克思研究很深入的一个重要问题。他从宏观上提出资本的总公式是G—W—G'。这就是说，一个价值额投入流通，是为了从流通中取出一个更大的价值额。这个更大价值额的产生过程，是资本主义的生产。这个更大价值额的实现过程，是资本的流通。资本家生产商品，不是为了商品本身，不是为了商品的使用价值或他的个人消费。表面上看来资本家真的在"节欲"，因为一方面他没有将转化为资本的货币用于个人消费，另一方面，他往往又没有生产可以直接供其消费的商品。资本家实际关心的产品，不是可以摸得着的产品本身，而是产品的价值超过在产品上消费的资本的价值的余额。资本家预付总资本时并没有考虑它的各个组成部分在剩余价值的生产上所起的不同作用。他把这一切组成部分同样地预付出去，不仅是为了再生产预付资本，而且是为了生产一个超过预付资本的价值余额。他只有使他所预付的可变资本的价值同活劳动相交换，即对活劳动进行剥削，才能把这个价值转化为一个更大的价值。但是，他只有同时预付实现这种劳动的条件，即劳动资料和劳动对象，机器和原料，即他只有把他所占有的一个价值额转化为生产条件的形式，才能对这种劳动进行剥削。他所以是一个资本家，能完成对劳动的剥削过程，也只是因为他作为劳动条件的所有者同只是作为劳动力的占有者的工人相对立。

资本家究竟是为了从可变资本取得利润才预付不变资本，还是为了使不变资本增殖才预付可变资本？他究竟是为了使机器和原料有更大的价值才把货币用在工资上，还是为了对劳动进行剥削才把货币预付在机器和原料上？不管人们怎样看，对资本家来说，都是无关紧要的。虽然只有可变资本部分才能创造剩余价值，但它只有在另一些部分，即劳动的生产条件也被预付的情况下，才会创造出剩余价值。因为资本家只有预付不变资本才能对劳动进行剥削，因为他只有预付可变资本才能使不变资本增殖，所以在他的心目中(从而在其雇用的庸俗经济学家的心目中)，这两种资本就完全混同在一起了。而且，因为他实际获利的程度不是决定于利润和可变资本的比率，而是决定于利润和总资本的比率，即不是决定于剩余价值率，而是决定于利润率，所以情形就更是这样。利润率可以不变，然而它可以表示不同的剩余价值率。产品中由资本家支付的一切价值组成部分，或者由他投入生产的这些价值组成部分的等价物，都属于产品成本。单是使资本保存下来，或者说，按原有的量再生产出来，就必须使这些成本得到补偿。

商品包含的价值，等于制造商品所耗费的劳动时间，这个劳动的总和则由有酬劳动和无酬劳动构成。对资本家来说，商品成本只由他所支付的物化在商品中的那部分劳动构成。商品包含的剩余劳动不需要资本家耗费什么东西，虽然它同有酬劳动一样，需要工人付出劳动，并且它同有酬劳动一样创造价值，作为价值形成要素加入商品。资本家的利润是这样来的，他可以出售他没有支付分文的某种东西。在资本家没有支付分文的东西中，除了工人的无酬劳动之外，还包含其他一些东西。比如，自然力、大企业的规模效应等。这些东西由于资本家对生产资料的垄断而被资本家所霸占。至于资本家对市场的垄断、国际经济秩序中的不平等交换等所带来的超额利润则源于其他弱势资本家手下的工人的无酬劳动。剩余价值或利润，恰恰就是商品价值超过商品成本价格的余额，即就是商品包含的劳动总额超过它包含的有酬劳动额的余额。因此，不管剩余价值来自何处，它总是一个超过全部预付资本的余额。这个余额和总资本会保持一个比率，这个比率可以用分数m/C来表示，其中m表示剩余价值、C表示总资本。这样，就得到了一个与剩余价值率m/v不同的利润率$m/C=m/(c+v)$。

马克思将用可变资本来计算的剩余价值的比率，叫作剩余价值率。用总资本来计算的剩余价值的比率，叫作利润率。这是同一个量的两种不同的计算方法，由于计算的标准不同，它们表示同一个量的不同的比率或关系。应当从剩余价值率到利润率的转化引出剩余价值到利润的转化，而不是相反。这种相反正是庸俗经济学首要的研究方式。实际上，利润率从历史上说也是出发点。剩余价值和剩余价值率相对来说是看不见的东西，是要通过研究加以揭示的本质的东西。利润率，从而剩余价值的形式，即利润，却会在现象的表面上显示出来。揭示看不见的本质，才是马克思研究资本的意义和价值之所在。

由于资本的一切部分都同样表现为超额价值(利润)的源泉，资本关系也就神秘化了。不过，剩余价值借助利润率而转化为利润形式的方式，只是生产过程中已经发生的主体和客体的颠倒的进一步发展。前面已经在生产过程中揭示，劳动的全部主观生产力怎样表现为资本的生产力。一方面，价值，即支配着活劳动的过去劳动，人格化为资本家；另一方面，工人反而仅仅表现为物质劳动力，表现为商品。从这种颠倒的关系出发，甚至在简单的生产关系内，也必然会产生出相应的颠倒的观念，即歪曲的意识，这种意识由于真正流通过程的各种转化和变形而进一步发展了。如果剩余价值率已知，剩余价值量也已知，那么利润率所表示的，就只是它实际所指的东西，即剩余价值的另一种计算法，也就是用总资本的价值计算，而不是用和劳动相交换的、直接产生出剩余价值的那部分资本的价值计算。总之，利润率的提高总是这样发生的：剩余价值同它的生产费用即同全部预付资本相比，相对地或绝对地增加了，或者说，利润率和剩余价值率之间的差额缩小了。

第二节　利润转化为平均利润

马克思在前面的研究中假定剩余价值率不变，一定资本提供的利润率，仍然可以提高或降低，因为有些情况会提高或降低不变资本的这个部分或那个部分的价值，从而影响不变资本部分和可变资本部分的比率。此外他还指出，那些会延长或缩短资本的周转时间的情况，也会对利润率产生同样的影响。因为利润量同剩余价值量，同剩余价值本身是同一的，所以很清楚，利润量和利润率不同，利润量不会受上述价值变动的影响。这些价值变动只会改变一定量剩余价值从而一定量利润所借以表现的比率，也就是说，只会改变利润的相对量，即它同预付资本量相比的量。诚然，当资本由于这些价值变动发生束缚或游离时，不仅利润率，而且利润本身也会通过这种间接的途径受到影响。但这始终只适用于已经投入的资本，不适用于新的投资。此外，利润本身的增加或减少，总是取决于同一个资本由于这些价值变动所能推动的劳动增加或减少的程度，从而影响在剩余价值率不变时所能生产的剩余价值量增加或减少的程度。

一、一般利润率（平均利润率）

资本的有机构成，即由资本技术构成决定并且反映这种技术构成的资本价值构成，在任何时候都取决于两种情况：第一，所使用的劳动力和所使用的生产资料量的技术比率；第二，这些生产资料的价格。马克思认为，资本的有机构成，必须按它的百分比来考察。一个资本的4/5为不变资本，1/5为可变资本，它的有机构成，我们用80c+20v这个公式来表示。

首先，平均利润和生产价格。现在假定有5个不同的生产部门，投在这，5个生产部门的资本的有机构成各不相同，例如：

资本	剩余价值率	剩余价值	产品价值	利润率
I. 80c+20v	100%	20	120	20%
II. 70c+30v	100%	30	130	30%
III. 60c+40v	100%	40	140	40%
IV. 85c+15v	100%	15	115	15%
V. 95c+5v	100%	5	105	5%

投在5个部门的资本的总额等于500，它们生产的剩余价值的总额等于110，它们生产的商品的总价值等于610。如果我们把这500看作一个资本，I—V不过是这个资本的不同部分(好像一个棉纺织厂分成不同部分，如梳棉间、粗纺间、纺纱间和织布间，这些部分的不变资本和可变资本的比率各不相同，而整个工厂的平均比率只有通过计算才能得出)，那么，首先这个资本500的平均构成是390c+110v，其20%可表示为78c+22v。既然每个资本100都只是被看作总资本的1/5，那么它的构成就是这个平均构成78c+22v。同样，每100都有22作为平均剩余价值，因此，平均利润率为

22%。最后，这500所生产的总产品的任何1/5的价格为122。因此，全部预付资本的任何1/5所生产的产品，都必须按122的价格出售。当然，为了避免得出完全错误的结论，必须认为不是所有成本价格都是100。一般利润率取决于两个因素：一是不同生产部门的资本的有机构成，即各个部门的不同的利润率；二是社会总资本在这些不同部门之间的分配，即投在每个特殊部门因而有特殊利润率的资本的相对量。也就是，每个特殊生产部门在社会总资本中所吸收的相应份额。

二、超额利润

一般利润率通过竞争而平均化。一部分生产部门具有资本的中等构成或平均构成，也就是说，这部分生产部门的资本的构成完全是或接近于社会平均资本的构成。

马克思指出，竞争会把社会资本这样地分配在不同的生产部门中，以致每个部门的生产价格，都按照这些中等构成部门的生产价格来形成，也就是说，它们 = k+kp'(成本价格加上成本价格乘以平均利润率所得之积)。但是这种平均利润率，不外就是这些中等构成部门的用百分比计算的利润，在这些部门中利润是同剩余价值一致的。因此，利润率在一切生产部门都是一样的，也就是说，是同资本的平均构成占统治地位的中等生产部门的利润率相等的。因此，一切不同生产部门的利润的总和，必然等于剩余价值的总和；社会总产品的生产价格的总和，必然等于它的价值的总和。很清楚，具有不同构成的各生产部门之间的平均化，总是力求使这些部门同那些具有中等构成的部门相等，而不管后者是同社会的平均数恰好一致，还是仅仅接近一致。在那些或多或少接近平均数的部门中间，又可以看到这样一种平均化的趋势，它力求达到理想的即实际上并不存在的中等水平，即以这种理想的中等水平为中心来进行调整。于是，这样一种趋势必然会起支配作用，它使生产价格成为价值的单纯转化形式，或者使利润转化为剩余价值的单纯部分，不过这些部分不是按照每个特殊生产部门所生产的剩余价值，而是按照每个生产部门所使用的资本量来分配的。因此，只要资本的量相等，那就不管资本的构成如何，它们都会从社会总资本所生产的总剩余价值中分到相等的份额(部分)。

对中等构成或接近中等构成的资本来说，生产价格是同价值完全一致或接近一致的，利润是同这些资本所生产的剩余价值完全一致或接近一致的。一切其他资本，不管它们的构成如何，在竞争的压力下，都力求和中等构成的资本拉平。但是，因为中等构成的资本是同社会平均资本相等或接近相等的，所以，一切资本，不管它们本身生产多少剩余价值，都力求通过它们的商品的价格来实现平均利润，而不是实现这个剩余价值，也就是说，力求实现生产价格。另一方面，凡是在平均利润，也就是一般利润率已经形成的地方，不管这个结果是怎么达到的，这个平均利润只能是社会平均资本的利润，它的总和等于剩余价值的总和，并且由于这个平均利润加入成本价格而形成的价格，只能是转化为生产价格的价值。即使某些生产部门的资本，由于某些原因没有参与平均化过程，事情也不会发生任何变化。在这种情况下，平均利润就按参加平均化过程的那一部分社会资本来计算。很清楚，平均利润只能是按照每个生产部门的资本量的比例分配在这些资本量上的剩余价值总量。这是已经实现的无酬劳动的总和，而这个总量同有酬的死劳动和活劳动一样，体现在资本家所占有的商品和货币的总量中。

总之，市场价值包含着每个特殊生产部门中在最好条件下生产的人所获得的超额利润。把危机和生产过剩的情况完全除外，这一点也适用于所有的市场价格，而不管市场价格同市场价值或市场生产价格有多大的偏离。即市场价格包含这样的意思：对同种商品支付相同的价格，虽然这些商品可以在极不相同的个别条件下生产出来，因而会有极不相同的成本价格。(这里我们不说那种普通意义上的垄断——人为垄断或自然垄断——所产生的超额利润。)此外，超额利润还能在下列情况下产生出来：某些生产部门可以不把它们的商品价值转化为生产价格，从而不把它们的利润化为平均利润。

第三节 利润率趋向下降的规律

此部分着重分析利润率下降的趋向、表现形式及其必然性。

一、下降规律

马克思具有远见地指出，在劳动的剥削程度不变时，同一个剩余价值率会表现为不断下降的利润率，因为随着不变资本的物质量的增加，不变资本从而总资本的价值量也会增加，虽然不是按相同的比例增加。电脑行业等新兴行业的利润率的下降也有这方面的原因。

首先，利润率趋向下降的规律。资本构成的这种逐渐变化，不仅发生在个别生产部门，而且或多或少地发生在一切生产部门，或者至少发生在具有决定意义的生产部门，因而这种变化就包含着某一个社会的总资本的平均有机构成的变化，那么不变资本同可变资本相比的这种逐渐增加，就必然会有这样的结果：在剩余价值率不变或资本对劳动的剥削程度不变的情况下，一般利润率会逐渐下降。但是，随着资本主义生产方式的发展，可变资本同不变资本相比，从而同被推动的总资本相比，会相对减少，这是资本主义生产方式的规律。

其次，资本主义生产，随着可变资本同不变资本相比的日益相对减少，使总资本的有机构成不断提高，由此产生的直接结果是：在劳动剥削程度不变甚至提高时，剩余价值率会表现为一个不断下降的一般利润率。(后面将会看到，为什么这种下降不是以这个绝对的形式而是以不断下降的趋势表现出来。)因此，一般利润率日益下降的趋势，只是劳动的社会生产力日益发展在资本主义生产方式下所特有的表现。这并不是说利润率不能由于别的原因而暂时下降，而是根据资本主义生产方式的本质证明了一种不言而喻的必然性——在资本主义生产方式的发展中，一般的平均的剩余价值率必然表现为不断下降的一般利润率。因为所使用的活劳动的量，同它所推动的物化劳动的量相比，同生产中消费掉的生产资料的量相比，不断减少，所以，这种活劳动中物化为剩余价值的无酬部分同所使用的总资本的价值量相比，也必然不断减少。而剩余价值量和所使用的总资本价值的比率就是利润率，因而利润率必然不断下降。

二、利润率下降的同时利润量却可以增长

利润率不断下降的规律，即所占有的剩余劳动同活劳动所推动的物化劳动的量相比相对减少的规律，绝不排斥这样的情况：社会资本所推动和所剥削的劳动的绝对量在增大，因而社会资本所占有的剩余劳动的绝对量也在增大。同样也绝不排斥这样的情况：单个资本家所支配的资本支配着日益增加的劳动量，从而支配着日益增加的剩余劳动量，甚至在它们所支配的工人人数并不增

加的时候，也支配着日益增加的剩余劳动量。利润率的下降，不是由于总资本的可变组成部分的绝对减少，而只是由于它的相对减少，由于它同不变组成部分相比的减少。

剩余价值量增加了一半，而利润率则比以前下降了一半。但是，利润只是按社会资本计算的剩余价值，因而就社会范围来说，利润量，利润的绝对量，同剩余价值的绝对量相等。因此，尽管这个利润量和全部预付资本的比率大大下降了，即一般利润率大大下降了，利润的绝对量还是增加了50%。所以，尽管利润率不断下降，资本所使用的工人人数，即它所推动的劳动的绝对量，从而它所吸收的剩余劳动的绝对量，从而它所生产的剩余价值量，从而它所生产的利润的绝对量，仍然能够增加，并且不断增加。

从资本主义积累过程——它只是资本主义生产过程的一个要素的性质来看，自然会得出如下的结论：用来转化为资本的已经增加了的生产资料的量，总会随时找到相应地增加了的、甚至过剩的可供剥削的工人人口。所以，在生产过程和积累过程的发展中，可以被占有和已经被占有的剩余劳动的量，从而社会资本所占有的利润的绝对量，都必然会增加。但是，同样一些生产规律和积累规律会在不变资本的量增加时，使不变资本的价值同转化为活劳动的可变资本部分的价值相比，越来越迅速地增加起来。因此，同样一些规律，会使社会资本的绝对利润量日益增加，而使它的利润率日益下降。

三、单个商品价格下降与商品总量的利润量同时增加

马克思指出，在工人人口已定时，如果剩余价值率提高了，不管这是由于工作日的延长或强化，还是由于劳动生产力的发展而引起的工资价值下降，那么，剩余价值量，从而绝对利润量，就必然会增加，尽管可变资本同不变资本相比是相对地减少了。社会劳动生产力的发展，即表现为可变资本同总资本相比相对减少和积累由此加速的那些规律，而另一方面，积累又反过来成为生产力进一步发展和可变资本进一步相对减少的起点，就是这种发展，撇开一切暂时的波动，还会表现为所使用的总劳动力越来越增加，表现为剩余价值的从而利润的绝对量越来越增加。

利润率的下降和绝对利润量的同时增加产生于同一些原因的这个二重性的规律，必然会在什么形式上表现出来呢？也就是说，这个规律建立在下面这个事实上，即在一定条件下，所占有的剩余劳动量，从而所占有的剩余价值量，将会增加，而从总资本来看，或者从单个资本只是作为总资本的一个部分来看，利润和剩余价值是相同的量，必然会在什么形式上表现出来呢？

现在我们假设拿资本的100来计算利润率。这100代表总资本的平均构成，比如说80c+20v。不同生产部门的平均利润率，不

是由每一个部门特殊的资本构成决定，而是由资本的社会平均构成决定。随着可变部分同不变部分相比，从而同总资本100相比的相对减少，利润率在劳动剥削程度不变甚至提高时会下降，剩余价值的相对量，即剩余价值和全部预付资本100的价值的比率也会下降。但是不仅这个相对量会下降，总资本100所吸收的剩余价值量或利润量，也会绝对地下降。在剩余价值率为100％时，资本60c+40v生产剩余价值量或利润量40，资本70c+30v生产利润量30，在资本为80c+20v时，利润就下降到20。这种下降同剩余价值量即利润量有关，它产生于因为总资本100只推动较少的活劳动，所以在剥削程度不变时，也只推动较少的剩余劳动，因而只生产较少的剩余价值。如果我们拿社会资本即有社会平均构成的资本的任何一部分作为计量剩余价值的尺度，在计算利润时总是这样做的，那么剩余价值的相对下降和它的绝对下降总是一致的。

随着劳动的社会生产力的发展，为了推动同量的劳动力和吸收同量的剩余劳动，所需要的总资本量越来越大。因此，工人人口相对过剩的可能性随着资本主义生产的发展而同样地发展起来，这并不是因为社会劳动的生产力降低了，而是因为社会劳动的生产力提高了。就是说，不是由于劳动和生活资料或生产这种生活资料的资料之间的绝对的不协调，而是由于对劳动的资本主义剥削所引起的不协调，即资本的不断增加和它对不断增加的人口的需要的相对减少之间的不协调。因此，劳动的社会生产力的同一发展，在资本主义生产方式的发展中，一方面表现为利润率不断下降的趋势，另一方面表现为所占有的剩余价值或利润的绝对量的不断增加。结果，可变资本和利润的相对减少总的来说是同两者的绝对增加相适应的。

第四节　商人资本

本节专门考察作为商品资本转化形式的商品经营资本的性质和作用，商人资本或商业资本分为两个形式或亚种，即商品经营资本和货币经营资本。因而需要在分析资本的核心构成所必需的范围内，较详细地说明这两种资本的特征。

一、商品经营资本

马克思分析认为，商品资本的运动就社会总资本来说，它的一部分总是作为商品处在市场上，以便转化为货币，虽然这部分不断由别的要素构成，甚至数量也在变化；另一部分以货币形式处在市场上，以便转化为商品。社会总资本总是处在这种转化即这种形态变化的运动中。只要处在流通过程中的资本的这种职能独立起来，成为一种特殊资本的特殊职能，并且固定下来，成为一种由分工给予特殊种类资本家的职能，商品资本就成为商品经营资本或商业资本。

资本作为商品资本的存在和它作为商品资本在流通领域内，在市场上所经历的形态变化，这种形态变化分解为买和卖，即商品资本转化为货币资本和货币资本转化为商品资本，形成产业资本再生产过程的一个阶段，因而形成产业资本总生产过程的一个阶段。但同时也能够知道，资本在它执行流通资本的这种职能时，同它作为生产资本的自身区别开来。这是同一资本的两种特殊的、互相区别的存在形式。社会总资本的一部分不断地在这一存在形式上作为流通资本处在市场上，不断地处在这种形态变化过程中，虽然对任何单个资本来说，它作为商品资本的存在和它作为商品资本所经历的形态变化，只是它的连续不断的生产过程的一个不断消失和不断更新的经过点，一个过渡阶段；虽然处在市场上的商品资本的各种要素会不断变化，因为它们会不断地从商品市场上被取走，同样又会不断地作为生产过程的新产品被投回商品市场。

二、商业利润

资本在流通领域内的纯粹职能表现为产业资本家首先为了实现他的商品的价值，其次为了把这个价值再转化为商品的生产要素所必须进行的活动，对商品资本的形态变化 W'—G—W 起中介作用的活动，也就是卖和买的行为，既不生产价值，也不生产剩余价值。商人资本本身不生产剩余价值，所以很清楚，以平均利润的形式归商人资本所有的剩余价值，只是总生产资本所生产的剩余价值的一部分。但是现在问题在于商人资本怎样从生产资本所生产的剩余价值或利润中获得归它所有的那一部分呢？就产业资本家来说，他的商品的出售价格和购买价格之间的差额，等于商品的生产价格和它的成本价格之间的差额；或者就社会总资本来看，那就等于商品的价值和商品使资本家耗费的成本价格之间的差额。这个差额又归结为物化在商品中的劳动总量超过物化在商品中的有酬劳动量的差额。产业资本家购买的各种商品，在重新作为可以出售的商品再投入市场以前，必须经历生产过程。商品价格中后来作为利润实现的组成部分，只是在生产过程中才生产出来的。

商品经营者的情况却不是这样的。只有当商品处在它的流通过程中的时候，它才在商品经营者手里。商品经营者只是继续进行已经由生产资本家开始的商品的出售，即商品价格的实现，因此不会让商品经历任何能够重新吸收剩余价值的中间过程。产业资本家只是在流通中实现在此之前已经生产出来的剩余价值或利润，相反，商人不仅要在流通中并通过流通来实现他的利润，而且要在流通中并通过流通才获得他的利润。商人把产业资本家按商品生产价格，或者就全部商品资本来看，按商品价值卖给他的商品，高于它的生产价格出售，即对商品价格实行名义上的加价，因而就全部商品资本来看，也就是高于它的价值出售，并且把商品的名义价值超过它的实际价值的这个余额据为己有。一句话，就是商品卖得比它的原价贵，可见商业利润通过商品加价而实现。

三、货币经营资本

马克思认为，货币在产业资本和可以补充进来的商品经营资本的流通过程中(因为商品经营资本承担了产业资本的一部分流通运动，并把它当作自己的特有的运动)所完成的各种纯粹技术性的运动，当它们独立起来，成为一种特殊资本的职能，而这种资本把它们并且只把它们当作自己特有的活动来完成的时候，就把这种资本转化为货币经营资本了。产业资本的一部分，确切些说，还有商品经营资本的一部分，不仅要作为一般货币资本，而且要作为正在执行这些技术职能的货币资本，不断处于货币形式。现在，一定的部分从总资本中分离出来，并在这样一种货币资本的形式上独立起来，这种货币资本的资本主义职能，是专门替整个产业资本家和商业资本家阶级完成这些活动。就像在商品经营资本的场合一样，这里也是在流通过程中以货币资本形态存在的一部分产业资本分离出来，替其余的全部资本完成再生产过程中的这些活动。所以，这种货币资本的运动，仍然不过是处在自己的再生产过程中的产业资本的一个独立部分的运动。

货币在这里是作为流通手段还是作为支付手段执行职能，这取决于商品交换的形式。在这两个场合,资本家都要不断地把货币支付给许多人,并且不断地得到许多人支付给他的货币。这种纯粹技术性的收付货币业务,本身形成一种劳动,它在货币执行支付手段职能的时候,使结算和平衡的工作成为必要。这种劳动是一种流通费用,是一种不创造价值的劳动。资本的一定部分,必须不断作为贮藏货币,作为可能的货币资本存在,这就是购买手段的准备金,支付手段的准备金,一种在货币形式上等待使用的闲置的资本,而且资本的一部分不断以这种形式流回。除了收付货币和记账以外,又使贮藏货币的保管成为必要,而这又是一种特殊的业务。因此,这种业务实际上就是使贮藏货币不断分解为流通手段和支付手段,而又使出售得到的货币和到期的进款形成贮藏货币;这种在货币形式上存在的资本部分的、与资本职能本身相分离的不断运动,这种纯粹技术性的业务,会引起特殊的劳动和费用——流通费用。货币的收付、差额的平衡、往来账的登记、货币的保管等,已经同使这些技术性的业务成为必要的那些行为分开,从而使预付在这些职能上的资本成为货币经营资本。

第三章 资本主义生产的总过程（二）

第一节 生息资本1

生息资本事实上是马克思在将利润分为利息和企业主收入时得出的结论，不管资本是作为产业资本投在生产领域还是作为商业资本投在流通领域，资本都会按照其数量比例，提供相同的年平均利润。

一、生息资本

货币——在这里它被看作一个价值额的独立表现，而不管这个价值额实际上以货币形式还是以商品形式存在——在资本主义生产的基础上能转化为资本，并通过这种转化，由一个一定的价值变为一个自行增殖、自行增加的价值。它会生产利润，即使资本家能够从工人那里榨出一定量的无酬劳动,剩余产品和剩余价值,并把它据为己有。这样,货币除了作为货币具有的使用价值以外,又取得了一种追加的使用价值,即作为资本来执行职能的使用价值。在这里,它的使用价值正在于它转化为资本而生产的利润。这两种使用价值,是否意味着货币具有两种价值或像庸俗政治经济学所说的两种价格。就它作为可能的资本,作为生产利润的手段的这种属性来说,它变成了商品,不过是一种特别的商品。或者换一种说法,资本作为资本,变成了商品。

假定年平均利润率是20%,这时,一台价值100镑的机器,在平均条件以及平均的智力水平和合乎目的的活动下当作资本使用,会提供20镑的利润。因此,一个拥有100镑的人,手中就有使100镑变成120镑,或生产20镑利润的权力。他手中有100镑可能的资本,如果这个人把这100镑交给另一个人一年,让后者把这100镑实际当作资本来使用,他也就给了后者生产20镑利润即剩余价值的权力。这个剩余价值对后者来说什么也不花费,他没有为它支付任何等价物。如果后者在年终把比如说5镑,即把所生产的利润的一部分付给这100镑的所有者,他就是用这5镑来支付这100镑的使用价值,来支付这100镑的资本职能即生产20镑利润的职能的使用价值。他支付给所有者的那一部分利润,叫作利息。因此,利息不外是一部分利润的特别名称和特别项目。执行职能的资本不能把这部分利润装进自己的腰包,而必须把它支付给资本的所有者。

可见，生息资本的独特性质在于要把自己的货币作为生息资本来增殖的货币所有者，把货币让渡给第三者，把它投入流通，使它成为一种作为资本的商品，不仅对他自己来说是作为资本，而且对别人来说也是作为资本。它不仅对把它让渡出去的人来说是资本，而且它一开始就是作为资本交给第三者的，这就是说，是作为这样一种价值，这种价值具有创造剩余价值、创造利润的使用价值。它在运动中保存自己，并在执行职能以后，流回到原来的支出者手中，在这里，也就是流回到货币所有者手中。因此，它不过暂时离开他，不过暂时由它的所有者占有变为执行职能的资本家占有，它既不是被付出，也不是被卖出，而只是被贷出。它不过是在这样的条件下被转让：第一，它过一定时期流回到它的起点；第二，它作为已经实现的资本流回，流回时，已经实现它的能够生产剩余价值的那种使用价值。

二、信用和虚拟资本

我们在这里只着重指出为说明资本主义生产方式的特征所必要的两个问题——商业信用和银行信用。

首先，商业信用。货币充当支付手段的职能，而商品生产者和商品经营者之间债权人和债务人的关系，是怎样由简单商品流通而形成的？随着商业和只是着眼于流通而进行生产的资本主义生产方式的发展，信用制度的这个自然基础也在扩大、普遍化和发展。大体说来，货币在这里只是充当支付手段，即商品不是为取得货币而卖，而是为取得定期支付的凭据而卖。信用，在它的最简单的表现上，是一种适当的或不适当的信任，它使一个人把一定的资本额，以货币形式或以估计为一定货币价值的商品形式，委托给另一个人，这个资本额到期后一定要偿还。如果资本是用货币贷放的，也就是用银行券，或用现金信用，或用一种对顾客开出的支取凭证贷放的，那么，就会在还款额上加上百分之几，作为使用资本的报酬。如果资本是用商品贷放的，而商品的货币价值已经在当事人之间确定，商品的转移形成出售，那么要偿付的总额就会包含一个赔偿金额，作为对资本的使用和对偿还以前所冒的危险的报酬。

其次，银行信用。信用制度的另一方面与货币经营业的发展联系在一起，而在资本主义生产中，货币经营业的发展又自然会和商品经营业的发展齐头并进。实业家的准备金的保管，货币出纳、国际支付和金银贸易的技术性业务，怎样集中在货币经营者的手中？由于这种货币经营业，信用制度的另一方面，生息资本或货币资本的管理，就作为货币经营者的特殊职能发展起来。货币的借入和贷出成了他们的特殊业务。他们以货币资本的实际贷出者和借入者之间的中介人的身份出现。一般地说，银行业务的这个方面就是银行家把借贷货币资本大量集中在自己手中，以致与产业资本家和商业资本家相对立的，不是单个的贷出者，而是作为所有贷出者的代表的银行家。

最后，信用投机。一切便利营业的事情，都会便利投机。营业和投机在很多情况下紧密地结合在一起，很难说营业在哪一点终止，投机从哪一点开始。用未售的商品作担保得到贷款越是容易，这样的贷款就越是增加，仅仅为了获得贷款而制造商品或把制成的商品投到远方市场去的尝试，也就越是增加。至于一个国家的整个商业界会怎样充满这种欺诈，最后结果又会如何，1845年—1847年的英国商业史为问题分析提供了明显的例子。1842年底，从1837年以来几乎不间断地压在英国工业身上的压力开始减弱。在其后的两年中，外国对英国工业品的需求增加得更多；1845年—1846年是高度繁荣的时期。1843年的鸦片战争，为英国商业打开了中国的门户。新开辟的市场，给予当时已经存在的蓬勃发展，特别是棉纺织业的发展以新的推动。

马克思认为信用制度的必然形成，以便对利润率的平均化或这个平均化运动起中介作用，整个资本主义生产就是建立在这个运动的基础上的。诱人的高额利润，使人们远远超出拥有的流动资金所许可的范围来进行过度的扩充活动。不过，信用可加以利用，它容易得到，而且便宜。于是就产生了为换取贷款而对印度和中国实行大量委托销售的制度。这种制度，就像在以下的说明中将详细描述的那样，很快就发展成为一种专门为获得贷款而实行委托销售的制度。结果就必然造成市场商品大量过剩和崩溃。19世纪英国的经济著作和英国上院的报告中的实际材料，都细致表明信用投机和经济危机的关系及具体情况。

第二节　生息资本2

一、银行资本

马克思从资本主义发展过程来看待银行资本。银行资本的构成绝大部分是虚拟资本，它由两部分组成：一是现金(金或银行券)；二是有价证券。又可以再把有价证券分成两部分：一部分是商业证券即汇票，它们是流动的，按时到期的，它们的贴现已经成为银行家的基本业务；另一部分是公共有价证券，如国债券，国库券，各种股票，总之，包括各种有息的但和汇票有本质差别的证券。这里还可以包括不动产的抵押单。由这些物质组成部分构成的资本，又分为银行家自己的投资和别人的存款，后者形成银行营业资本或借入资本。对那些发行银行券的银行来说，这里还包括银行券。在此首先把存款和银行券撇开不说。很明显，银行家资本的这些实际组成部分——货币、汇票、有息证券——绝不因为这些不同要素是代表银行家自有的资本，还是代表存款即别人所有的资本，而会发生什么变化。不论银行家只用自有的资本来经营业务，还是只用在他那里存入的资本来经营业务，银行家资本的上述区分仍然不变。

生息资本的形式造成这样的结果：每一个确定的和有规则的货币收入都表现为资本的利息，而不论这种收入是不是由资本生出。货币收入首先转化为利息，有了利息，然后得出产生这个货币收入的资本。同样，有了生息资本，每个价值额只要不作为收入花掉，都会表现为资本，也就是都会表现为本金，而和它能够生出的可能的或现实的利息相对立。国家对借入资本每年要付给自己的债权人以一定量的利息。在这个场合，债权人不能要求债务人解除契约，而只能卖掉他的债权，即他的所有权证书。资本本身已经由国家花掉和耗费了，它已不再存在。对于国家的债权人来说，他持有一张比如说100镑的国债券，他靠这张国债券有权从国家的年收入即年税收中索取一定的金额，比如说5镑或5%，他可以随意把这张100镑的债券卖给别人。如果利息率是5%，国家提供的保证又很可靠，那么所有者A通常就能按100镑把这张债券卖给B，因为对B来说，无论是把100镑按年息5%借给别人，还是通过支付100镑而从国家的年赋税中保证每年得到5镑，是完全一样的。但在这一切场合，这种资本，即把国家付款看成是自己的幼仔(利息)的资本，是幻想的虚拟的资本。

人们把虚拟资本的形成叫做资本化。人们把每一个有规则的会反复取得的收入按平均利息率来计算，把它算作是按这个利息率贷出的资本会提供的收入，这样就把这个收入资本化了。例如，在年收入为100镑，利息率为5%时，100镑就是2000镑的年利息，这2000镑现在就看成是每年有权取得100镑的法律证书的资本价值。对这个所有权证书的买者来说，这100镑年收入实际代表他所投资本的5%的利息。因此，和资本现实增殖过程的一切联系就彻底消灭干净了。资本是一个自行增殖的自动机的观念就牢固地树立起来了。即使在债券（有价证券）不像国债那样代表纯粹幻想的资本的地方，这种证券的资本价值也纯粹是幻想的。

二、现实资本

马克思指出，在考察信用制度时往往要遇到的几个困难问题：一是真正货币资本的积累。它在什么程度上是资本的现实积累的标志，即规模扩大的再生产的标志，又在什么程度上不是这种标志呢？所谓的资本过剩，一个始终只用于生息资本即货币资本的用语，仅仅是表现产业生产过剩的一个特殊方式呢，还是除此以外形成一种特殊的现象呢？这种过剩即货币资本的供给过剩，是否与停滞的货币总量(金银条块、金币和银行券)的存在相一致，而现实货币的过剩，是否就是借贷资本的上述过剩的反映和表现形式呢？二是货币紧迫，即借贷资本不足，又在什么程度上反映出现实资本(商品资本和生产资本)的不足呢？另一方面，它又在什么程度上与货币本身的不足，即流通手段的不足相一致呢？

在前面考察货币资本和货币财产的积累的特殊形式时，马克思已经把这种积累的形式归结为对劳动的占有权的积累。前面提到，国债资本的积累，不过是表明国家债权人阶级的增加，这个阶级有权把税收中的一定数额预先划归自己所有。

商业信用，即从事再生产的资本家互相提供的信用。这是信用制度的基础，它的代表是汇票，是一种有一定支付期限的债券，是一种延期支付的证书。每一个人都一面提供信用，一面接受信用。首先撇开银行家的信用不说，它是一个本质上完全不同的要素。如果这些汇票通过背书而在商人自己中间再作为支付手段来流通，由一个人转到另一个人，中间没有贴现，那就不过是债权由A到B的转移，而这绝对不会影响整个的联系。这里发生的只是人的变换。即使在这种场合，没有货币的介入，也照样可以进行结算。把这种信用和银行家的信用分开来进行考察就很清楚了，这种信用和产业资本本身的规模一同增大。在这里，借贷资本和产业资本是一个东西。贷出的资本就是商品资本，不是用于最后的个人的消费，就是用来补偿生产资本的不变要素。所以，这里作为贷出的资本出现的，总是那种处在再生产过程的一定阶段的资本，它通过买卖，由一个人手里转移到另一个人手里，不过它的代价要到后来才按约定的期间由买者支付。

第三节　超额利润转化为地租

超额利润转化为地租集中阐述了资本主义地租的本质及其产生的前提条件。对土地所有权的各种历史形式的分析，马克思认为可以暂时不予探讨，他只是在资本所产生的剩余价值的一部分归土地所有者所有的范围内，研究土地所有权的问题。因此分析假定，农业和工业完全一样受资本主义生产方式的统治，即农业是由资本家经营。这种资本家和其他资本家的区别，首先只在于他们的资本和这种资本推动的雇佣劳动所投入的部门不同。马克思所考察的土地所有权形式，是土地所有权的一个独特的历史形式，是封建的土地所有权或小农维持生计的农业(在后一场合，土地的占有是直接生产者的生产条件之一，而他对土地的所有权是他的生产方式的最有利的条件，即他的生产方式得以繁荣的条件)受资本和资本主义生产方式的影响而转化成的形式。如果说资本主义生产方式是以工人的劳动条件被剥夺为前提，那么在农业中，它是以农业劳动者的土地被剥夺，以及农业劳动者从属于一个为利润而经营农业的资本家为前提。

一、级差地租

马克思指出土地所有权的前提是，一些人垄断一定量的土地，把它作为排斥其他一切人的、只服从自己个人意志的领域。

在分析地租时，首先要从下面这个前提出发：支付这种地租的产品，也就是有一部分剩余价值。因而有一部分总价格转化为地租的产品——对于研究目的来说，提到农产品或者还提到矿产品也就够了，也就是土地和矿山的产品像一切其他商品一样，是按照它们的生产价格出售的。

一是在特别有利的生产条件下，可以产生超额利润。为了表明地租这个形式的一般性质，可以假定一个国家的工厂绝大多数是用蒸汽机推动的，少数是用自然瀑布推动的。在一些工业部门，一个耗费资本100的商品量的生产价格是115，即15%的利润，不是仅仅按已经耗费的资本100计算的，而是按这个商品价值生产上曾经使用的总资本计算的。

二是用自然瀑布作为动力的生产者的超额利润和一切不是由流通过程中的交易偶然引起，也不是由市场价格的偶然变动引起的超额利润(马克思在谈到生产价格时，已经对这个范畴作了说明)具有相同的性质。因此，这种超额利润，也就等于这个处于有利地位的生产者的个别生产价格和这整个生产部门的一般的、社会的、调节市场的生产价格之间的差额。这个差额，等于商品的一般生产价格超过它的个别生产价格的余额。对这个余额起调节作用的有两个界限：一方面是个别的成本价格，因而也就是个别的生产价格；另一方面是一般的生产价格。利用瀑布进行生产的商品的价值比较小，因为生产这种商品时需要的劳动总量比较少，也就是说，因为以物化形式即作为不变资本部分加入生产的劳动比较少。

三是那个用自然瀑布而不用蒸汽作动力的工厂主的超额利润同一切其他的超额利润没有任何区别。一切正常的，也就是并非由于偶然的出售行为或市场价格变动而产生的超额利润，都是由这个特殊资本的商品的个别生产价格和一般生产价格(它调节着这整个生产部门的资本的商品的市场价格，即这个生产部门所投总资本的商品的市场价格)之间的差额决定的。瀑布是自然存在的，它和把水变成蒸汽的煤不同。煤本身是劳动的产物，所以具有价值，必须由一个等价物来支付，需要一定的费用。瀑布却是一种自然的生产要素，它的产生不需要任何劳动。

（一）级差地租Ⅰ

关于级差地租的第一形式，马克思指出英国经济学家李嘉图有两点正确的见解：一是他认为，除了级差地租，根本不存在什么别的地租大于总是使用两个等量的资本和劳动所取得的产品量之间的差额。二是他提出，凡是使同一土地或新地上所得产品的差额缩小的事物，都有减低地租的趋势；凡是扩大这种差额的，必然产生相反的结果，都有提高地租的趋势。

首先，需要考察等量资本在等面积的各级土地上使用时所产生的不同结果。或者在面积不等时，考察按同样大的土地面积计算的结果。这些不同的结果，是由下面两个和资本无关的一般原因造成的：一是肥力。（关于这一点，后面会说明土地的自然肥力是指什么，其中又包括那些不同的要素。）二是土地的位置。这一点对殖民地来说是一个决定性的因素。

其次，很明显，级差地租的这两个不同的原因，肥力和位置，可以发生相反的作用。一块土地可能位置很好，但肥力很差，或者情况相反。这种情况很重要，因为它可以为我们说明一个国家土地的开垦，为什么会由较好土地转到较坏土地，或者相反。

最后，很明显的是整个社会生产的进步，一方面，由于它创造了地方市场，并且通过采用交通运输工具而使位置变得便利，所以对形成级差地租的位置，会发生拉平的作用；另一方面，由于农业和工业的分离，由于大的生产中心的形成，而农村反而相对孤立化，所以又会使土地的地区位置的差别扩大。

马克思认为在自然肥力相同的各块土地上，同样的自然肥力能被利用到什么程度，一方面取决于农业化学的发展，一方面取决于农业机械的发展。这就是说，肥力虽然是土地的客观属性，但从经济学方面说，总是同农业化学和农业机械的现有发展水平有关系，因而也随着这种发展水平的变化而变化。可以用化学的方法(例如对硬粘土施加某种流质肥料，对重粘土进行熏烧)或用机械的方法(例如对重土壤采用特殊的耕犁)，来排除那些使同样肥沃的土地实际收成较少的障碍(排水也属于这一类)。甚至各级土地耕种的序列,也能由此发生变更。

(二) 级差地租 II

这里分析等量资本连续投在同一土地上有不等的生产率而产生的级差地租 II,着重考察级差地租 I 和级差地租 II 的异同和相互关系等问题。马克思指出,级差地租是由投在最坏的无租土地上的资本的收益和投在较好土地上的资本的收益之间的差额决定的。

首先,两者的定义。级差地租 I 是等量资本投在不同土地上,由于生产率不同,由劣等地生产的农产品的个别生产价格决定市场价格,从而投入优等地、中等地的资本就会获得一个超额利润,这个超额利润所转化的地租就是级差地租 I。级差地租 II 是指如果等量资本不是投在不同土地上,而是连续投在同一土地上产生不等的生产率,由生产率低的资本所生产的农产品的个别生产价格决定市场价格,从而生产率高的资本就会产生一个超额利润,这个超额利润转化为级差地租,就是级差地租 II。

其次,两者的异同。一是从共同点来看。级差地租II只是级差地租I的不同表现,而实质上两者是一致的。在级差地租I中,各级土地的不同肥力所以会发生影响,只是因为不同的肥力使投在土地上的各个资本在资本的量相等时或就资本的比例量进行考察时，会产生出不同的结果，不同的产量。不论这种不同的结果是相继投在同一块土地上的各个资本产生的，还是投在好几块等级不同的土地上的各个资本产生的，都不会使肥力的差别或它们产量的差别发生变化，因此也不会使生产率较高的投资部分的级差地租的形成发生变化。在投资相等时，土地仍然显示出不同的肥力，不过，在这里一个资本的不同部分相继投在同一土地上所产生的结果，就是在级差地租I的场合下，社会资本各个相等部分投在各级土地上所产生的结果。二是从区别来看，级差地租II是以级差地租I为前提的，级差地租II，在连续投入的几个资本的生产率下降的场合，只有在这些投资只能在最坏土地A上进行的时候，才必然会引起生产价格的上涨和生产率的绝对降低。在生产价格不变和差额不变时，就级差地租I来说，每亩的平均地租或按资本计算的平均地租率，可以同地租总额一起增加。但是，这个平均只是一个抽象。按每亩或按资本计算的实际地租额，在这里仍然不变。相反，在相同的前提下，按亩计算的地租额却可以增加，虽然按所投资本计算的地租率仍然不变。在生产价格不变，利润率不变和差额不变(因而按资本计算的超额利润率或地租率也不变)时，每亩的产品地租额和货币地租额，也就是土地的价格，都可能提高。

此外，资产阶级学者只承认级差地租，而否认有绝对地租，马克思在批判前人的基础上，在不违反价值规律的前提下，创立了绝对地租理论。绝对地租是农业工人创造的剩余价值的一部分。绝对地租的本质在于：不同生产部门内的各等量资本，在剩余价值率相等或劳动的剥削程度相等时，会按它们的不同的平均构成，生产出不等量的剩余价值。在工业上，这些不同的剩余价值量，会平均化为平均利润，平均分配在作为社会资本的相应部分的各个资本上。在生产上需用土地时，不论是用于农业上还是用于原料的开采上，土地所有权都会阻碍投在土地上面的各个资本之间的这种平均化过程，并攫取剩余价值的一部分，否则这一部分剩余价值是会进入平均化为一般利润率的过程的。这样，地租就成了商品价值的一部分，更确切地说，成了商品剩余价值的一部分，不过它不是落入从工人那里把它榨取出来的资本家阶级手中，而是落入从资本家那里把它榨取出来的土地所有者手中。

第四节　各种收入及其源泉

马克思分析指出，资本—利润(企业主收入加上利息)，土地—地租，劳动—工资，这就是把社会生产过程的一切秘密都包括在内的三位一体的公式。利息表现为资本所固有的、独特的产物，与此相反，企业主收入则表现为不以资本为转移的工资。所以，上述三位一体的公式可以更确切地归结为：资本—利息，土地—地租，劳动—工资。在这个公式中，利润，这个作为资本主义生产方式特征的剩余价值形式，就幸运地被排除了。

一、竞争的假象

商品的价值或由商品总价值调节的生产价格包括如下几个部分：

一是补偿不变资本的价值部分，也就是代表生产商品时以生产资料的形式用掉的过去劳动的价值部分。一句话，就是加入商品生产过程的生产资料的价值或价格。在这里，我们从来不是说单个商品，而是说商品资本，即资本产品在一定期间，例如一年内借以表现的形式，单个商品只是商品资本的要素，单个商品的价值也同样分割为这些组成部分。

二是可变资本的价值部分，这部分计量工人的收入，对工人来说，转化为工资。因此，工人就是在这个可变价值部分上再生产他的工资的。总之，在商品生产中新加到第一部分即不变部分上去的劳动的有酬部分，就体现在这个价值部分上。

三是剩余价值，即商品产品中体现无酬劳动或剩余劳动的价值部分。这个最后的价值部分，又采取各种独立的形式，这些形式同时又是收入的形式——资本利润(资本本身的利息和资本作为职能资本的企业主收入)和地租(属于在生产过程中一同发生作用的土地的所有者所有)的形式。第二部分和第三部分，即不断采取工资(它总是要先通过可变资本的形式)、利润和地租这些收入形式的价值部分，和第一部分即不变部分的区别在于：由新加到不变部分即商品生产资料上的劳动所物化成的全部价值，都属于这个价值部分。如果把不变价值部分撇开不说，这样说是正确的：商品价值就其代表新加入的劳动来说，不断分解为三个部分，这三个部分形成三种收入形式，即工资、利润和地租。三者各自的价值量，即它们各自在总价值中所占的部分，是由不同的、特殊的、以前已经说明过的规律决定的。但是反过来，说工资的价值、利润率和地租率是独立的、构成价值的要素，说商品的价值(如果把不变部分撇开不说)就是由这些要素结合而成，却是错误的。

二、阶级

马克思深刻指出，对阶级的分析是对资本主义生产关系分析必须得出的政治结论，对于阶级斗争的研究早在1848年，他与恩格斯合著的《共产党宣言》中进行了细致分析和透彻阐述。单纯劳动力的所有者、资本的所有者和土地的所有者，他们各自的收入源泉是工资、利润和地租，也就是说，雇佣工人、资本家和土地所有者，形成建立在资本主义生产方式基础上的现代社会的三大阶级。在英国，现代社会的经济结构无疑已经有了最高度的、最典型的发展。在这里，这种阶级结构也还没有以纯粹的形式表现出来，也还有若干中间的和过渡的阶段到处使界限规定模糊起来(虽然这种情况在农村比在城市少得多)。不过，这种情况对分析来说是无关紧要的。我们已经看到，资本主义生产方式的经常趋势和发展规律，是使生产资料越来越同劳动分离，分散的生产资料越来越大量集中成群，因此，劳动转化为雇佣劳动，生产资料转化为资本。另一方面，适应于这种趋势，土地所有权同资本和劳动相分离而独立，换句话说，一切土地所有权都转化为适应于资本主义生产方式的土地所有权形式。

总之，只要经济规律起作用，马克思的价值规律对于整个简单商品生产时期是普遍适用的。也就是说，直到简单商品生产由于资本主义生产形式的出现而发生变化之前是普遍适用的。在此之前，价格都以马克思论述的规律所决定的价值为重心，并且围绕着这种价值来变动，以致简单商品生产发展得越是充分，一个不为外部的暴力干扰所中断的较长时期内的平均价格就越是与价值趋于一致，直至量的差额小到可以忽略不计的程度。因此，马克思的价值规律，从开始出现把产品转化为商品的那种交换时起，直到公元15世纪止这个时期内，在经济上是普遍适用的。显然，当人类社会进入21世纪之后，马克思认为资本主义的基本矛盾——生产的社会性和生产资料的私人占有是周期性爆发资本主义经济危机的根源依然具有强大的理论生命力、阐释力和预测力，对这一矛盾的深刻认识是进一步探寻和理解资本秘密的出发点和落脚点，值得我们永久学习。

知识链接

拜金主义

拜金主义是一种在近代兴起的价值观，持此观念的人认为"在社会上，无钱万万不能"、"金钱至上"，这种价值观被认为起源于资本主义鼓励人类追求自我物质利益的思想主张，而许多广告也被认为有助长社会整体拜金主义风气的作用。拜金主义经常引起许多批评，尤其被保守派的人士抨击为造成现代社会物欲横流、道德沦丧的象征之一。批评者认为，拜金主义者太过强调金钱的重要性，以致拜金主义者变得唯利是图，对许多事物经常只看得到表面，看不到其内涵，精神层面也极为空虚。然而也有人认为，追求更好、更富裕的生活是所有人类的本性，而拜金主义不过是在现代资本主义社会的风气下，人类此种本性的一种反映而已。

辩证法

　　辩证法是关于对立统一、斗争和运动、普遍联系和变化发展的哲学学说，源出希腊语"dialego"，意为谈话、论战的技艺，指一种逻辑论证的形式。现在用于包括思维、自然和历史三个领域中的一种哲学进化的概念，也用来指和形而上学相对立的一种世界观和方法论。

辩证唯物主义

　　辩证唯物主义，是马克思、恩格斯批判地吸取德国古典哲学——黑格尔的辩证法的"合理内核"和费尔巴哈唯物论的"基本内核"，在总结自然科学、社会科学和思维科学的基础上创立的系统科学的逻辑理论思维形式，是一种以马克思和恩格斯学说来研究现实的哲学方法，是用"辩证的观点"和"唯物论的观点"解释和认识世界的理论。一般认为"辩证唯物主义"和"唯物辩证法"在本质上是一致的。

　　辩证唯物主义的基本观点有：1.唯物主义认为，物质是第一性的，意识是第二性的。世界的本原是物质，世界的万事万物都是物质派生出来的。2.物质世界是按照它本身所固有的规律运动、变化和发展的。规律是客观的，是不以人的主观意志为转移的。3.辩证的唯物主义观点是相对于机械唯物主义而言的，即将辩证法与唯物主义相结合。

不可知论

不可知论是一种唯心主义的认识论，认为除了感觉或现象之外，世界本身是无法认识的。它否认社会发展的客观规律，否认社会实践的作用。不可知论最初是由英国生物学家T.H.赫胥黎于1869年提出的。不可知论断言人的认识能力不能超出感觉、经验和现象的范围，不能认识事物的本质及发展规律。在现代西方哲学中，许多流派从不可知论出发来否定科学真理的客观性，否认认识世界的可能性或者否认彻底认识世界的可能性。

簿记

簿记是为了管理经济主体因经济交易而产生的资产、负债、资本的增减，以及记录在一定期间内的收益和费用的记账方式。一般说到簿记是指复式的商业簿记。

德国古典哲学

德国古典哲学一般是指康德、费希特、谢林、黑格尔和费尔巴哈的哲学，是代表西方近代哲学的最高阶段。它继承了由德国哲学家莱布尼茨代表的唯理主义倾向，同时又受到了苏格兰启蒙运动中著名哲学家休谟的经验主义和怀疑论的影响，此外，以莱辛、歌德为代表的启蒙运动文学也对德国古典哲学起到了相当程度的影响。（斯宾诺莎的宿命论思想有时也被认为是德国古典哲学的重要思想来源之一。）在这些思想的共同影响下，德国古典哲学家总结并探讨了一系列哲学上的重大问题，尽管他们中的多数经常被泛泛地认为是唯心主义者，但他们的主张却不是统一的。

康德是一个二元论者和不可知论者，他为了调和唯理主义和经验主义，提出了自己的批判哲学。费希特则持有一种主观唯心主义（后期也被认为倾向于客观唯心主义），谢林和黑格尔有时候被认为是客观唯心主义者，但事实上他们的意见是非常不同的。直到费尔巴哈以一种唯物主义的观点对黑格尔宏大的形而上学体系提出抨击，从而终结了德国古典哲学。

德国古典哲学具有抽象性和思辨性的特点，同时它也是马克思主义的三个理论来源之一。此外，它提出了包括认识论、本体论、伦理学、美学、法哲学、历史哲学以及政治哲学等领域的各种重大问题和范畴，标志着近代西方哲学向现代西方哲学的过渡。

等价形式

当商品A通过不同种商品B的使用价值表现自己的价值时，它就使商品B取得了一种特殊的价值形式，即等价形式。

第二次工业革命

第二次工业革命，也称第二次科技革命，是指1870年至1914年的工业革命。其中西欧和美国以及1870年后的日本，工业得到飞速发展。第二次工业革命紧跟着18世纪末的第一次工业革命，并且从英国向西欧和北美蔓延。第二次工业革命以电力的大规模应用为代表，以电灯的发明为标志。

第二国际

第二国际，即"社会主义国际"，是一个工人运动的世界组织。1889年7月14日在巴黎召开了第一次大会，通过《劳工法案》及《五一节案》，决定以同盟罢工作为工人斗争的武器。组织后因第一次世界大战爆发而解散，其后伯尔尼国际成立并作为实体运作。第二国际所做出影响最大的动作包括宣布每年的5月1日为国际劳动节，宣布每年的3月8日为国际妇女节，并创始了八小时工作制运动。当今世界最大的政党组织"社会党国际"实际上为其延续，在二战后的1951年成立，成员均为原第二国际成员。

第一国际

第一国际，即国际工人联合会，1864年由英、法、德、意四国工人代表在伦敦开会成立，马克思代表德国工人参加该组织的工作，并逐渐用"科学社会主义"理论作为组织指导思想。由于会名太长，有时人们取它的第一个单词"International"代指，简称为"国际"，历史上即称为"第一国际"。1871年，第一国际法国支部参加并领导了巴黎公社运动。但是随着巴黎公社的失败，第一国际也日渐衰弱，1876年正式宣布解散。

法国1789年的资产阶级大革命

法国大革命，又称法国1789年的资产阶级大革命，是1789年在法国爆发的资产阶级革命，法国的政治体制在大革命期间发生了史诗性的转变：统治法国多个世纪的绝对君主制与封建制度在三年内土崩瓦解，过去的封建贵族和宗教特权不断受到自由主义政治组织和平民的冲击，传统观念逐渐被全新的天赋人权、三权分立等民主思想代替。

法国大革命始于1789年5月的三级会议。革命的头一年，第三等级的革命民众在6月发表了《网球场宣言》，7月攻占了巴士底狱，8月凡尔赛妇女运动迫使法国王室在10月返回巴黎。之后几年不断出现自由集会和保守的君主制度改革。1792年9月22日，法兰西第一共和国成立，路易十六在次年被推上了断头台。不断出现的外部压力实际上在法国革命中起到了主导作用，法国革命战争从1792年开始，取得了一个世纪以来法国未曾取得的胜利，并使法国间接控制了意大利半岛和莱茵河以西的领土。在国内，派系斗争及民众情绪的日益高涨导致了1793年至1794年恐怖统治的产生。罗伯斯庇尔和雅各宾派倒台以后，督政府于1795年掌权，直到1799年拿破仑上台后结束。

关于法国大革命的结束时间尚存争议，正统观点认为1799年的雾月政变为革命终结的标志；另有观点认为1794年7月雅各宾派统治的结束为革命的终结；还有观点认为1830年七月王朝建立是革命终结的标志。

现代社会在法国革命中拉开帷幕，共和国的成长、自由民主思想的传播、现代思想的发展以及国家之间大规模战争的出现都是此次革命的标志性产物。在作为近代一场伟大的民主革命而受到赞扬的同时，法国大革命也因其间所出现的一些暴力专政行为而为人诟病。革命随后导致了拿破仑战争、两次君主制复辟以及两次法国革命。接下来直至1870年，法国在两次共和国政府、君主立宪制政府及帝国政府下交替管治。

历史学家、《旧制度与大革命》的作者托克维尔则认为，1789年法国革命是迄今为止最伟大、最激烈的革命，代表法国的"青春、热情、自豪、慷慨、真诚的年代"。

封建主义

封建主义包括三个方面：一是指封建专制制度，包括政治、经济制度在内的整个社会制度；二是指意识形态；三是指以封建主义思想为指导，为建立或复辟封建专制制度而进行的活动。三者之间相互联系又相互区别，不能等同和混淆。也可以说，封建主义在经济上代表的是地方保护主义和部门主义；在政治上代表的是专制主义和宗法制度；在思想上代表的是纲常伦理、宗法意识和社会生活中的各种落后、愚昧现象、迷信思想和活动。包括制度、活动、思想三方面含义的封建主义，才能称之为完整意义上的封建主义。

个体经济

以生产资料个体所有和个体劳动为基础的经济。如小农经济、小手工业经济、个体商业等。原始社会解体时产生，存在于奴隶社会、封建社会、资本主义社会和社会主义社会，但从来没有成为独立的社会经济形态，而总是从属于占统治地位的经济。具有规模小、经营分散、经济不稳定等特点。在我国，经过社会主义改造，绝大部分个体经济已经转变为社会主义集体经济。但在社会主义国营经济和集体经济占绝对优势的前提下，在法律规定的范围内允许个体经济存在，作为社会主义公有制经济的补充。

工业革命

工业革命，又称产业革命，是指资本主义工业化的早期历程，即资本主义生产完成了从工场手工业向机器大工业过渡的阶段。工业革命是以机器取代人力，以大规模工厂化生产取代个体工场手工生产的一场生产与科技革命。由于机器的发明及运用成为了这个时代的标志，因此，历史学家称这个时代为"机器时代"。

有人认为工业革命在1759年左右已经开始，但直到1830年，它还没有真正蓬勃地展开。大多数观点认为，工业革命发源于英格兰中部地区。1769年，英国人瓦特改良蒸汽机之后，由一系列技术革命引起了从手工劳动向动力机器生产转变的重大飞跃。随后自英格兰扩散到整个欧洲大陆，19世纪传播到北美地区。一般认为，蒸汽机、煤、铁和钢是促成工业革命技术加速发展的四项主要因素。在瓦特改良蒸汽机之前，整个生产所需动力依靠人力和畜力。伴随蒸汽机的发明和改进，工厂不再依河或溪流而建，很多以前依赖人力与手工完成的工作自蒸汽机发明后被机械化生产取代。

工业革命是一般的政治革命不可比拟的巨大变革，其影响涉及人类社会生活的各个方面，使人类社会发生了巨大的变革，对人类的现代化进程的推动起到了不可替代的作用，把人类推向了崭新的蒸汽时代。

共产国际

共产国际，亦称"第三国际"，1919年3月2日至6日在列宁的领导下，在莫斯科召开了共产国际第一次代表大会。参加大会的有来自欧、亚、美洲21个国家的35个政党和团体的代表52人，通过了列宁起草的《共产国际宣言》、《共产国际行动纲领》等文件，宣告了共产国际的成立。共产国际在其存在的24年中，共召开过7次代表大会和13次执行委员会全会。共产国际在列宁领导期间，成绩比较显著。1924年1月，列宁去世后，共产国际出现了一些错误。总的来说，共产国际在宣传马克思列宁主义，团结各国无产阶级和被压迫民族，领导和推动无产阶级革命运动，促进亚非拉民族解放运动，反对帝国主义和法西斯主义，促进各国共产党的成长等方面起了重大的作用。

共产主义

共产主义是一种政治思想，主张消灭私有产权，并建立一个各尽所能、按需分配的生产资料公有制（进行集体生产）社会，而且是一个没有阶级制度、国家和政府的社会。在这一体系下，土地和资本财产为公共所有。其主张劳动的差别并不会导致占有和消费的任何不平等，并反对任何特权。在科学共产主义（马克思主义及其各流派）的理论中，它在发展上分两个阶段，初级阶段是社会主义，高级阶段是共产主义。通常所说的共产主义，指共产主义的高级阶段。

按照马克思主义理论（历史唯物主义），资本主义必将为共产主义所取代，这是不以人们的意志为转移的社会发展的历史规律。因随着工业革命后各种机械自动化生产所带来的高生产力，长期而言经济生产所需的人力将愈来愈少，在私有财产制度下绝大多数人将会失业，因此，社会若想继续和平发展就必须进入共产主义，将愈来愈少的工作量分配给各个工作的人，除了为兴趣而自愿长期工作的人之外，基本上多数人可减少许多工作时间就能维持日常生活。共产主义思想在实行上，需要人人有高度发达的集体主义精神，而这就要求社会生产力达到充分的发展和极度的发达。

共产主义社会

共产主义社会是一种社会形态，它是在生产资料公有制的条件下，在高度发达的社会生产力的基础上所实行的一种各尽其职、按需分配的劳动者自由联合的社会经济形态。

后马克思主义

后马克思主义的概念自20世纪80年代以来就以一种不太准确和规范的方式被使用着，它并非描述一个学派，而是描述一个趋向。后马克思主义倡导一种偶然的话语逻辑，它主张把意识形态和经济及阶级要素完全剥离开来，然而，对于后马克思主义自身的"发生学"分析，后马克思主义的话语理论却无能为力。后马克思主义不论作为一种思想倾向，还是作为一种确定的理论立场，它的生成、确立和盛行都不是脱离社会文化环境的纯粹话语运作的结果，就像后马克思主义本身不能够完全拒斥马克思主义一样，对后马克思主义社会和思想根源的理论透视也离不开马克思主义的分析方式。后马克思主义之所以在20世纪70年代末至80年代中期孕育成形，有着它特定的社会的、政治的、阶级的、思想的以及学理上的源流。

汇率

汇率，亦称外汇行市或汇价，是一国货币兑换另一国货币的比率，是以一种货币表示另一种货币的价格。由于世界各国货币的名称不同，币值不一，所以一国货币对其他国家的货币要规定一个兑换率，即汇率。从短期来看，一国的汇率由对该国货币兑换外币的需求和供给所决定。外国人购买本国商品、在本国投资以及利用本国货币进行投机会影响本国货币的需求。本国居民想购买外国产品、向外国投资以及外汇投机会影响本国货币供给。在经济学上，汇率定义为两国货币之间兑换的比例。通常会将某一国的货币设为基准，以此换算他国等金额价值的货币。

汇率的特性在于它多半是浮动的比率。只要货币能够透过汇率自由交换，依交换量的多寡，就会影响隔天的汇率，因此，有人也以赚汇差营利，今日以较低的比率购进某一外币，隔日等到较高的比率出现时，再转手卖出，所以有时汇率也能看出一个国家的经济状况。此外，外汇储备也能看出这个国家的出口贸易状况。

货币

货币是用作交易媒介、储藏价值和记账单位的一种工具，是专门在物资与服务交换中充当等价物的特殊商品。既包括流通货币，尤其是合法的通货，也包括各种储蓄存款。在现代经济领域，货币的领域只有很小的部分以实体通货方式显示，即实际应用的纸币或硬币，大部分交易都使用支票或电子货币。货币区是指流通并使用某一种单一的货币的国家或地区。不同的货币区之间在互相兑换货币时，需要引入汇率的概念。

机会主义

机会主义，也称投机主义，指为了达到自己的目标不择手段的做法，突出的表现是不按规则办事，视规则为腐儒之论，其最高追求是实现自己的目标，以结果来衡量一切，而不重视过程。如果它有原则的话，那么它的最高原则就是成王败寇。机会主义也可指工人运动或无产阶级政党内部出现的违背马克思主义根本原则的思潮、路线。它是资产阶级或小资产阶级思想的反映。机会主义有两种表现形式：一种是右倾机会主义，另一种是"左"倾机会主义。

级差地租

级差地租是一个相对于绝对地租的概念，它是指租佃较好土地的农业资本家向大土地所有者缴纳的超额利润。这个超额利润是由优等地和中等地农产品的个别生产价格低于按劣等地个别生产价格决定的社会生产价格的差额决定的。

价值

价值，泛指客体对于主体表现出来的积极意义和有用性。可视为是能够公正且适当反映商品、服务或金钱等值的总额。在经济学中，价值是商品的一个重要性质，它代表该商品在交换中能够交换得到其他商品的多少，价值通常通过货币来衡量，称为价格。这种观点中的价值，其实是交换价值的表现。

根据新古典主义经济学（目前比较流行的一种经济学理论），物体的价值就是该物体在一个开放和竞争的交易市场中的价格，因此，价值主要取决于对于该物体的需求，而不是供给。有些经济学者经常把价值等同于价格，不论该交易市场竞争与否。而古典经济学则认为价值和价格并不等同。按照马克思主义政治经济学的观点，价值就是凝结在商品中无差别的人类劳动，即商品价值。马克思还将价值分为使用价值（给予商品购买者的价值）和交换价值（使用价值交换的量）。

价值规律

价值规律，亦称"价值法则"，是商品生产和商品交换的基本规律。其主要内容和客观要求是商品的价值量由生产商品的社会必要劳动时间决定，商品按照价值量相等的原则进行交换。在以货币为媒介的商品交换中，要求价格符合于价值。

价值量

商品的价值量是商品价值的大小，通常是单位价值量。商品的价值量不是由各个商品生产者所耗费的个别劳动时间决定的，而是由社会必要劳动时间决定的。商品是劳动产品，商品的价值是由劳动形成的，因而它的价值量要由生产商品所耗费的劳动时间来衡量。在其他条件不变的情况下，商品的价值量越大，价格越高；商品的价值量越小，价格越低。若其他因素不变，单位商品的价值量与生产该商品的社会劳动生产率成反比。价值决定价格，价格是价值的货币表现，价值是价格的基础。

交换价值

交换价值指的是当一种产品在进行交换时，能换取到其他产品的价值。交换价值在马克思的学说中，是物品借着一种明确的经济关系才能够产生出的价值，也就是说，经济关系乃是交换价值的背景。交换价值只有在一个产品进行交换时，特别是产品作为商品在经济关系中出售及购买时，才具有意义。交换价值的根本属性是产品的使用价值，但是交换价值在商品交易中根据双方需求会发生较大的波动。例如，1升水在平时和旱季，其使用价值是一样的，但是交换价值的变化却很大。

经济危机

经济危机指的是一个或多个国家经济或整个世界经济在一段比较长的时间内不断收缩（即产生负的经济增长率）。

绝对地租

绝对地租是资本主义地租的一种形式。在资本主义制度下，由于土地为地主所私有，因此不论租种上等地或者租种土质最坏的地，地主都要收取地租。这种由于土地私有制的存在，不论租种好地坏地都绝对必须交纳的地租，马克思把它叫作绝对地租。

绝对剩余价值

绝对剩余价值指在必要劳动时间不变的条件下，通过绝对延长工作日，从而绝对延长剩余劳动时间生产出来的剩余价值。

科学社会主义

科学社会主义是与空想社会主义相对而言的、关于社会主义的科学的理论体系、理论模型与实践模式。科学社会主义是人类一切文明成果的结晶。马克思、恩格斯运用辩证唯物主义的逻辑思维形式，在批判历代空想社会主义的基础上，以历史唯物主义的观点揭示和发现了人类社会发展的规律及当代资本主义经济运动的规律——剩余价值规律。马克思的这两个规律的发现使社会主义从空想变成了科学。科学社会主义是关于无产阶级解放斗争发展规律的科学，是一门政治科学，或者说是一门政治学。

可知论

可知论认为世界是可以为人所认识的，世界上只有尚未被认识的事物，不存在不能认识的事物。一切的唯物主义者都是可知论者，他们坚持物质第一性，意识第二性；彻底的唯心主义者也是可知论者，但他们坚持意识第一性，物质第二性。

空想社会主义

空想社会主义又称乌托邦社会主义，是产生于资本主义生产状况和阶级状况尚未成熟时期的一种社会主义学说，是现代社会主义思想来源之一。空想社会主义者相信在不久的将来可以建立理想的意识形态社会，并为之不懈努力奋斗。这种学说最早见于16世纪托马斯·莫尔的《乌托邦》一书，盛行于19世纪初期的西欧。空想社会主义者认为社会主义的理想社会应该建筑在人类的理性和正义的基础上，而这种社会至今还未出现，是由于人们不认识和不承认的缘故。他们觉得只要有天才掌握了这种思想，并推广开去，就能实现他们心中的理想社会。空想社会主义者反对资本主义，并认为资本主义的剥削制度是由于人类在道德和法律上犯了错误，背弃了人类的本性而产生的。

劳动对象

劳动对象指劳动本身所对应的客体，比如耕作的土地、纺织的棉花等。包括两大类：一是自然界的物质，即未经人类加工过的自然物，如矿藏；一是人类劳动加工过的，用作原材料的产品，如棉花、钢铁等。

劳动力

劳动力，即人的劳动能力，指蕴藏在人体中的脑力和体力的总和。物质资料生产过程是劳动力作用于生产资料的过程。离开劳动力，生产资料本身是不可能创造任何东西的。但是，在物质资料生产过程中，劳动力发挥作用，除了必须具备一定的生产经验和劳动技能或科学文化知识外，还必须具备一定量的生产资料，否则，物质资料生产过程也是不能进行的。劳动者在生产过程中运用自己的劳动力和生产工具，作用于劳动对象，既可以创造出物质财富，也可以不断提高自己的劳动技能。

里昂工人起义

里昂工人起义是指1831年和1834年法国里昂工人反对资本主义剥削压迫的两次武装起义，里昂工人起义推动了法国工人运动的发展，是法国无产阶级作为独立的政治力量登上历史舞台的重要标志之一。与"巴黎公社"、"英国宪章运动"并称"三大工人运动"。

历史唯物主义

历史唯物主义是马克思主义哲学的重要组成部分，也被称为"唯物主义历史理论"或"唯物史观"。历史唯物主义为马克思和恩格斯所创立，以黑格尔的辩证法，结合费尔巴哈的唯物论，去解释人类历史演变的过程，并被列宁、毛泽东等人所发展，被认为是马克思主义的社会历史观和认识、改造社会的一般方法论。因其主要关注的是对历史规律的阐明，因而历史唯物主义可以归入历史哲学，具体地说是一种思辨的历史哲学。

历史唯物主义认为历史发展是客观的和有其特定规律的，其最基本的规律就是生产力决定生产关系，生产关系对生产力有反作用（可能促进或阻碍）。伴随着生产力的发展，人类社会会历经原始社会、奴隶社会、封建社会、资本主义社会、社会主义社会，最终走向共产主义社会。

马克思列宁主义

马克思列宁主义是马克思主义和列宁主义的统称。马克思主义是对马克思和恩格斯的观点和学说的总体称谓,是无产阶级及其政党的十分严整而彻底的世界观,是无产阶级开展解放运动的理论指导,是无产阶级根本利益的科学表现。列宁主义是帝国主义和无产阶级革命时代的马克思主义,是由列宁和他的战友在参加和领导俄国和国际工人运动的实践活动中,在同第二国际机会主义作斗争中,总结无产阶级新的历史经验和科学发展的新成果而形成的。它使无产阶级专政成为现实,使社会主义从科学的理论变成现实的社会制度。

马克思主义

马克思主义是马克思、恩格斯在19世纪工人运动实践基础上创立的理论体系。马克思主义主要以唯物主义角度编写而成。马克思主义理论体系包括三部分,即马克思主义哲学、马克思主义政治经济学、科学社会主义,分别是马克思、恩格斯受德国古典哲学、英国古典政治经济学、法国空想社会主义影响,并在此基础上创立的。马克思主义作为内涵丰富、外延无限的一整套严密的思想体系,我们可以从不同方面对其进行不同的定义。马克思主义从它的创造者、继承人的认识成果上讲,可以定义为:马克思主义是马克思、恩格斯创建的马克思主义者不断加以丰富发展的观点和学说的体系；从它的阶级属性讲，可以定义为：马克思主义是关于无产阶级和人类解放的科学，尤其是关于无产阶级斗争的性质、目的和条件的学说；从它的研究对象讲，可以定义为：马克思主义是一个内容极其丰富的、宏伟的、科学的理论体系，是关于自然、社会和思维发展普遍规律的学说，特别是关于资本主义发展和转变为社会主义，以及社会主义和共产主义发展普遍规律的学说。

马克思主义哲学

马克思主义哲学是关于自然、社会和思维发展的一般规律的科学，是唯物论和辩证法的统一，是唯物论自然观和历史观的统一。它是在继承和发展了德国的古典哲学，英国的古典政治经济学，英国、法国的空想社会主义下形成的马克思主义的三个组成部分之一。马克思主义哲学的主要理论来源是辩证法和唯物论，辩证唯物主义和历史唯物主义是马克思主义哲学的两大组成部分，实践概念是它的基础。

马克思主义政治经济学

马克思主义政治经济学，是马克思主义的重要组成部分。它既是我们从理论高度认识和研究资本主义的经济科学，也是我们进行社会主义经济建设和改革开放的理论指导。马克思主义政治经济学，首先包括马克思创建的政治经济学的基本原理和方法，也包括后来由列宁、毛泽东、邓小平和党中央发展了的经济思想与理论，还包括经济学界以马克思主义为指导研究当代资本主义和社会主义所取得的有关成果。马克思主义政治经济学的基本观点主要包括在马克思的重要著作《资本论》中，在《资本论》中，马克思研究了资本主义经济学的理论和英国历年的经济统计资料，对资本主义经济学理论进行了分析和批判。

七月革命

七月革命，即法国七月革命，是1830年欧洲的革命浪潮的序曲，因为波旁王室的专制统治令经历过法国大革命的法国人民难以忍受，以致法国人群起反抗当时法国国王查理十世的统治。此次革命的成功是维也纳会议后首次在欧洲成功的革命运动，革命鼓励了1830年及1831年欧洲各地的革命运动，表明维也纳会议后，由奥地利帝国首相梅特涅组织的保守力量未能抑制法国大革命后日益上扬的民族主义及自由主义浪潮。

青年黑格尔派

青年黑格尔派，又称黑格尔左派，是在19世纪30年代黑格尔哲学解体过程中产生的激进派，知名成员有布鲁诺·鲍威尔、大卫·施特劳斯、麦克斯·施蒂纳、费尔巴哈等。活动中心在柏林，马克思和恩格斯也曾参加过青年黑格尔派的活动。

让渡

让渡，就是权利人将自己有形物、无形的权利，或者是有价证券的收益权等通过一定的方式，全部或部分地以有偿或者无偿的方式转让给他人所有或者占有，或让他人行使相应权利。在商品经济中，买进卖出就是一种非常普遍的有偿让渡形式；而对别人或相关地区的捐赠，就是一种无偿的让渡。

人文主义

人文主义是在文艺复兴时期新兴资产阶级反封建反教会斗争中形成的思想体系、世界观或思想武器，也是这一时期资产阶级进步文学的中心思想。它主张一切以人为本，反对神的权威，把人从中世纪的神学枷锁下解放出来。人文主义宣扬个性解放，追求现实人生幸福；追求自由平等，反对等级观念；崇尚理性，反对蒙昧。

商品

商品是一种用于满足购买者欲望和需求的产品。狭义概念中的商品是一种有形的物质产品，区别于无形的服务。就其本身而论，商品能以有形的方式交付给购买者，并且它的所有权也一并由销售者转移给了顾客。例如，苹果是有形的商品，相对而言，理发则是一种无形的服务。

商品拜物教

在马克思主义理论中，商品拜物教是资本主义市场社会中的社会关系的一种形态，其中社会关系体现为一种基于商品或货币的客体关系，主要表现为劳动商品化和异化。"商品拜物教"一词由马克思在《资本论》第一卷（1867年）中首创。马克思之所以用拜物教一词，可以解释为对工业社会"理性"、"科学"心态的嘲讽。在马克思的时代，这个词主要是用来形容原始宗教。商品拜物教意味着如此的原始信仰体系其实还留在现代社会的核心。依他的见解，商品拜物教是私有制在资本主义的社会关系中造成的幻影，它在资本主义社会的主流意识形态中占据中心地位。

社会必要劳动时间

社会必要劳动时间是与"个别劳动时间"相对而言的，指在现有的社会正常的生产条件下，在社会平均的劳动熟练程度和劳动强度下制造某种使用价值所需要的劳动时间。这里的"现有的社会正常的生产条件"是指现时某生产部门的平均生产条件，或大多数商品生产者所具有的生产条件，其中最主要是劳动工具的状况；这里的"平均的劳动熟练程度和劳动强度"是指中等水平或部门的平均劳动熟练程度和劳动强度。如生产一件上衣，各个商品生产者由于设备、技术熟练程度等差别，个别劳动时间从2小时到4小时不等，但一般用3小时的劳动就能生产出来，这3小时就是生产上衣的社会必要劳动时间，它随社会劳动生产率的提高而减少。另外，马克思在分析社会生产各部门之间按比例分配社会总劳动的必要性时，提出另一个意义上的社会必要劳动时间，是指满足社会对某种产品的需要而必须分配到某一部门去的那部分社会劳动时间，如社会需要10万双鞋，每双鞋需平均耗费社会劳动时间1小时，则生产鞋所需的社会必要劳动时间为10万小时。

《社会契约论》

《社会契约论》，又译为《民约论》，或称《政治权利原理》，是法国思想家让·雅克·卢梭于1762年写成的一本书。《社会契约论》中主权在民的思想，是现代民主制度的基石，深刻地影响了废除欧洲君主绝对权力的运动，和18世纪末北美殖民地摆脱英帝国统治、建立民主制度的斗争。美国的《独立宣言》和法国的《人权宣言》及两国的宪法均体现了《社会契约论》的民主思想。

社会主义

社会主义是一套经济体系和政治理论，主张或提倡公共或以整个社会作为整体，来拥有和控制生产资料（产品、资本、土地、资产等），其管理和分配基于公众利益。其提倡由集体或政府拥有与管理生产工具，分配物资。社会主义分为了诸多流派，从建立合作经济管理结构到废除等级制度以至于自由联合。作为一项政治运动，社会主义的政治哲学主张从改良主义到革命社会主义均有分布。如国家社会主义主张通过推动生产、分配和交换全方位的国有化来实现社会主义；自由社会主义倡导工人传统地控制生产方式，反对国家权力来进行管理；民主社会主义则通过民主化进程来寻求建立社会主义。

现代社会主义理论始于18世纪知识分子与工人阶级发起的批评工业化与私有财产对社会影响的政治运动。早期的空想社会主义者，诸如罗伯特·欧文曾试图建立一个自给自足并脱离资本主义社会的公社；而圣西门则创造了名词socialisme，提倡技术官僚与计划工业的应用。马克思和恩格斯共同设计创造了一个理想的社会制度，通过除去导致不合格与周期性生产过剩的无政府主义和资本主义生产，来允许广泛应用现代科技，从而将经济活动合理化。在19世纪初期，社会主义还只是表明关注社会问题；到了19世纪末期，社会主义已经成为了建立基于社会共有的新体制的推动力，并站到了资本主义的对立面。

社会主义社会

社会主义社会，是一种社会形态，指用马克思主义理论指导，重视社会福利，采用财产公有制的，通常是共产主义政党专政、工人阶级领导的社会。按照马克思主义理论，社会主义社会是资本主义社会向共产主义社会的过渡性社会形态。

生产关系

生产关系是指在物质生产过程中形成的人们之间的社会关系，它集中体现了人们之间的物质利益关系。生产关系的内容包括人们在一定的生产资料所有制基础上形成的、在社会生产总过程中发生的生产、分配、交换和消费的关系。

生产力

生产力，又称"社会生产力"，是人们征服自然、改造自然、获得物质资料的能力。生产力和生产关系是社会生产不可分割的两个方面。生产力包括劳动者、劳动资料和劳动对象三大要素。

生产资料

生产资料，也称作生产手段，是马克思主义理论家认定的生产力三要素之一。生产资料主要指劳动者进行生产时所需要使用的资源和工具。一般包括土地、厂房、机器设备、工具、原料，等等。生产资料是生产过程中的劳动资料和劳动对象的总和，它是任何社会进行物质生产所必备的物质条件。

生息资本

生息资本，是为了获取利息而暂时贷放给他人使用的货币资本。

剩余价值

根据马克思主义理论，剩余价值是指从劳动者的劳动价值中剥削出来的利润（劳动价值和工资之间的差异），即"劳动者创造的被资产阶级无偿占有的劳动"。剩余价值概念是马克思主义政治经济学的核心概念，马克思主义政治经济学认为资本主义生产的实质就是剩余价值的生产，剩余价值规律是资本主义的基本经济规律，它决定着资本主义的一切主要方面和矛盾发展的全部过程，决定着资本主义生产的高涨和危机，决定着资本主义的发展和灭亡。

使用价值

使用价值，是一切商品都具有的共同属性之一。任何物品要想成为商品都必须具有可供人类使用的价值；反之，毫无使用价值的物品是不会成为商品的，使用价值是物品的自然属性。马克思主义政治经济学认为，使用价值是由具体劳动创造的，并且具有质的不可比较性。比如，人们不能说橡胶和香蕉哪一个使用价值更高。使用价值是价值的物质基础，和价值一起，构成了商品二重性。

世界观

世界观，也叫宇宙观，是哲学的朴素形态。世界观是人们对整个世界的总的看法和根本观点。由于人们的社会地位不同，观察问题的角度也不同，就形成了不同的世界观。哲学是其理论表现形式。世界观的基本问题是精神和物质、思维和存在的关系问题，根据对这两者关系的不同回答，划分为两种根本对立的世界观基本类型，即唯心主义世界观和唯物主义世界观。

私有制

私有制，也叫所有制，是相对于公有制的经济制度，是在这种制度下进行的生产资料个人或集体的排他性占有。私有制是剥削社会（以奴隶社会、封建社会、资本主义、特权主义和专制社会为代表）的基本标志之一。

托拉斯

托拉斯，是较高级的垄断组织形式。指由许多生产同类商品或在生产上有密切关系的企业为了垄断某些商品的产销，从而获得高额利润而组成的大型垄断企业。可分为以金融控制为基础的托拉斯和以企业合并为基础的托拉斯。托拉斯在美国最为普遍，其作用覆盖整个采购、生产、销售过程。

唯物主义

唯物主义即唯物论，是一种哲学理论，肯定世界的基本组成为物质，物质形式与过程是我们认识世界的主要途径，持着"只有事实上的物质才是真实存在的实体"这一种观点，并且被认为是物理主义的一种形式。该理论的基础是，所有的实体（和概念）都是物质的一种构成或者表达，并且，所有的现象（包括意识）都是物质相互作用的结果，在意识与物质之间，物质决定了意识，而意识则是客观世界在人脑中的生理反应，也就是有机物出于对物质的反应。因此，物质是唯一事实上存在的实体。作为对现实世界的一种解释，唯物主义是唯心主义和心灵主义的一个对立面。

唯物主义有机械唯物主义和辩证唯物主义的区别，机械唯物主义认为物质世界是由各个个体组成的，如同各种机械零件组成一个大机器，不会变化；辩证唯物主义认为物质世界永远处于运动与变化之中，是互相影响、互相关联的。机械唯物论的代表人物是费尔巴哈，辩证唯物论的代表人物是马克思、恩格斯和列宁。

唯心主义

唯心主义即唯心论，又译作理念论、观念论，是哲学中对思想、心灵、语言及事物等彼此之间关系的讨论及看法。唯心论秉持世界或现实如同精神或意识，都是根本的存在。唯心论直接相对于唯物论，后者认为世界的基本成分为物质，我们对世界的认识主要是通过物质，并将其视为一种物质形式与过程。唯心论同时也反对现实主义的哲学观，后者认为在人类的认知中，我们对物体的理解与感知，与物体独立于我们心灵之外的实际存在是一致的。

马克思主义哲学则认为唯心论是哲学上的两大基本派别之一，是与唯物论对立的理论体系。唯心论在哲学基本问题上主张精神、意识的第一性，物质的第二性，也就是说，唯心论主张物质依赖意识而存在，物质是意识的产物的哲学派别，并认为可以区分为主观唯心论和客观唯心论两种基本类型。

乌托邦

乌托邦，也称理想乡，无何有之乡（源于《庄子》），是一个理想的群体对社会的构想，名字由托马斯·摩尔的《乌托邦》一书中所写的完全理想的共和国"乌托邦"而来。意指理想完美的境界，特别是用于表示法律、政府及社会情况。托马斯·摩尔在书中虚构了一个大西洋上的小岛，小岛上的国家拥有完美的社会、政治和法制体系。这个词用来被描述成一种被称为"意向社群"的理想社会和文学虚构的社会。

无产阶级

根据马克思主义理论，无产阶级一词指不拥有生产资本，单纯靠出卖劳动力获取收入的劳动者。马克思主义理论把无产阶级划分为普通无产阶级和下层无产阶级。在实际使用的含义中，近似地等同于近代以来出现的，主要受雇于资本家，依靠雇佣工资生活的工人群体。在马克思的理论中，无产阶级是被资产阶级通过剥削其生产价值和工资之间的差异（剩余价值）以获得利润的对象，因此，其大多在生存水平线上挣扎，教育相对落后（除非有极佳的社会福利），直到难以生存时，便容易铤而走险，当人数够多时，便会起身革命，尝试推翻现有政府及资本家。在社会主义社会，工人阶级已摆脱了被剥削、被压迫的地位，成为掌握国家政权的领导阶级。

相对价值形式

商品交换的价值关系中同等价形式相对立的一极。处于相对价值形式上的商品，在价值关系中起着主动的作用，是主动地要表现自己价值的商品。

相对剩余价值

把通过缩短必要劳动时间、相应地改变工作日的两个组成部分的量的比例而生产的剩余价值，叫做相对剩余价值。

小资产阶级

小资产阶级，指占有一定的生产资料或有少量财产的私有者，一般指不受他人剥削，也不剥削别人（或仅有轻微剥削），主要靠自己劳动为生的个体劳动者阶级。它在资本主义社会里是非基本的阶级，亦称为中间等级，主要包括农民、小手工业者、小商人、小业主等。作为劳动者，在思想上倾向于无产阶级；作为私有者，又倾向于资产阶级，极易受资产阶级思想的影响。因此，在反对封建主义的斗争中既具有革命性，同时也存在政治上的动摇性、斗争中的软弱性和革命的不彻底性。随着资本主义的发展，他们不断地向两极分化，大部分破产沦落为无产阶级或半无产阶级，小部分发财上升为资产阶级。

辛迪加

辛迪加，原意是"组合"、"联合"，是垄断组织的一种重要形式，属于低级垄断形式。辛迪加指同一生产部门的少数大企业为了获取高额利润，通过签订共同销售产品和采购原料的协定而建立的垄断组织。

形而上（学）

形而上出自《易经·系辞》，原文为"形而上者谓之道，形而下者谓之器"。用现代的思维讲，形而下就是指具体的器物（可以拓展到感性的事物），形而上就是指比较抽象的规律（包含做人做事的原则）。形而上是精神方面的宏观范畴，用抽象

（理性）思维，形而上者道理，起于学，行于理，止于道，故有形而上者谓之道；形而下是物质方面的微观范畴，用具体（感性）思维，形而下者器物，起于教，行于法，止于术，故有形而下者谓之器。

形而上学（metaphysics，意为"物理学之后"）是哲学术语，哲学史上指哲学中探究宇宙根本原理的部分。马克思认为形而上学是指与辩证法对立的，用孤立、静止、片面的观点观察世界的思维方式。黑格尔把形而上学作为与辩证法相对立的一种机械教条的研究方法来批判，因此，形而上学也可以被表述成为教条主义。

修正主义

"修正"一词的含义，来源于拉丁文，有"修改、重新审查"的意思。"修正主义"一词，是在共产主义运动中对马克思主义进行歪曲、篡改、否定的一类资产阶级思潮和政治势力，是国际工人运动中打着马克思主义旗号反对马克思主义的机会主义思潮。

虚拟资本

虚拟资本是独立于现实的资本运动之外、以有价证券的形式存在、能给持有者按期带来一定收入的资本，如股票、公债券、不动产抵押单等。虚拟资本是随着借贷资本的出现而产生的，它在借贷资本的基础上成长，并成为借贷资本的一个特殊的投资领域。

一般等价物

　　一般等价物是从商品中分离出来的，充当其他一切商品的统一价值表现材料的商品。一般等价物的出现，是商品生产和交换发展的必然结果。历史上，一般等价物曾由一些特殊的商品承担，随着社会的进步，黄金和白银成了最适合执行一般等价物职能的货币。货币是从商品中分离出来固定充当一般等价物的特殊商品。

英国工人宪章运动

　　宪章运动是1838年到1848年发生在英国的一场普通劳动者要求社会政治改革的群众运动，是世界三大工人运动之一。列宁称之为"世界上第一场大规模的劳动阶级运动"。宪章运动的目的是，工人们要求取得普选权，以便有机会参与国家的管理。"普选权问题是饭碗问题"，工人阶级希望通过政治变革来提高自己的经济地位。

庸俗经济学

　　庸俗经济学是资产阶级政治经济学的一个发展阶段，产生于18世纪末，大致结束于19世纪70年代。当时，法国出现一种自由主义思潮，以巴师夏、凯里为首的经济学家认为，世界是让每个自然人独立施展才能的大舞台，而资本主义是最符合人性的舞台设计，因此，它能以最快的速度去积聚财富，马克思称之为庸俗经济学。这种学说不愿意从历史的发展过程中考察资本形成的原因，更不愿意看到资本主义是建筑在绝大多数人陷入相对贫困的基础上的事实。庸俗经济学的主要代表人物有：西尼尔、穆勒、萨伊马尔萨斯等。

哲学

哲学是研究范畴及其相互关系的一门学问。范畴涉及到一门学科的最基本研究对象、概念和内容，哲学具有一般方法论的功能。

纸币

纸币，又叫钞票，是指以柔软的物料（通常是特殊的纸张）印制成的特殊货币凭证，通常是由国家发行并强制使用的一种货币符号。纸币本身不具价值，虽然作为一种货币符号，但其不能直接行使价值尺度职能，而是由国家对其面值进行定义。纸币是当今世界各国普遍使用的货币形式，而世界上最早出现的纸币，是中国北宋时期四川成都的"交子"。中国是世界上使用纸币最早的国家。

资本

资本，在经济学意义上，指的是用于生产的基本生产要素，即资金、厂房、设备、材料等物质资源。在金融学和会计领域，资本通常用来代表金融财富，特别是用于经商、兴办企业的金融资产。广义上，资本也可作为人类创造物质和精神财富的各种社会经济资源的总称。

资本主义

资本主义，也被称为自由市场经济或自由企业经济，其特色是个人或是企业拥有资本财产，且投资活动是由个人决策左右，而非由国家所控制，一般并没有准确之定义，不同的经济学家也对资本主义有不同的定义。一般而言，资本主义指的是一种经济学或经济社会学的制度，在这样的制度下绝大部分的生产资料都归私人所有，并借着雇佣或劳动的手段以生产资料创造利润。在这种制度里，商品和服务借由货币在自由市场里流通。投资的决定由私人进行，生产和销售主要由公司和工商业控制并互相竞争，依照各自的利益采取行动。

资产阶级

资产阶级是指占有社会生产资料并使用雇佣劳动的现代资本家阶级，其本质是以生产资料为手段无偿占有雇佣工人的劳动，是现代社会中的主要剥削阶级。

自然经济

自然经济，也叫小农经济，是商品经济的对立面，是私有制经济的一种表现，是存在于市场范围比较小的一种经济形态，是社会生产力水平低下和社会分工不发达的产物。该种经济形态占统治地位的持续时间涵盖原始社会、封建社会以及早期的资本主义社会与半殖民地半封建社会。

宗派主义

宗派主义是指党内存在的一种以宗派利益为出发点的思想和行为，是封建宗派思想、资产阶级、小资产阶级思想在组织上的表现。主要表现为：在个人与党的关系上，把个人放在第一位，把党放在第二位，向党闹独立性；在组织上，任人唯亲，在同志中拉拉扯扯，把资产阶级的庸俗作风搬进党里来；在党内关系上，只强调局部利益，只要民主，不要集中，不遵守个人服从组织、少数服从多数、下级服从上级、全党服从中央的民主集中制原则，进行无原则的派别斗争；在和党外人士的关系上，妄自尊大，骄傲自满，不尊重人家，不学习人家的长处，不愿和人家合作等。

德菲尔神庙

德菲尔城阿波罗神庙始建于前7世纪，在古希腊时代被认为是世界的中心也是古希腊的宗教中心和统一的象征。神庙区还有露天剧场和圣路，圣路两旁有希腊各邦为供奉诸神而兴建的礼物库、祭坛、纪念碑、柱廊等。德尔斐考古遗址（阿波罗神庙）为希腊古典时期宗教遗址，1987年被列入世界遗产名录。遗址位于雅典西北方帕尔纳索斯山麓，因居于该地的德尔斐族人而得名。遗址系阿波罗神庙所在地，以该庙的女祭司皮提亚宣示的神谕著称。

贵金属

贵金属，通常用来指代黄金、白银和白金三种价格昂贵、外表美观、化学性质稳定、具有较强的保值能力的金属，其中黄金的地位尤其重要。在布雷顿森林体系崩溃之前，西方各国货币均与美元挂钩，美元则与黄金挂钩，许多国家都公布本国货币的含金量。20世纪70年代后期，随着世界金融格局的重组和通货膨胀得到缓解，黄金等贵金属的地位有所下降，但仍被视为世界通用的交换媒介和保值工具。

海格特公墓

英国伦敦的公墓，位于英国伦敦北郊的海格特地区，分东西两个部分。西海格特公墓于1839年成立，包括两个都铎风格的教堂，一个古埃及风格的大道和大门（仿造古埃及著名的国王谷建筑），还有哥特风格的墓穴；东海格特公墓于1854年成立，两年后东部也投入运营。马克思及其家人的墓就在于此，公墓还埋葬着英国物理学家和化学家法拉第、小说家乔治·艾略特。

爱德华·伯恩施坦

爱德华·伯恩施坦（1850—1932），是德国社会民主党的著名活动家，他一生的理论和政治活动经历了不同阶段：小资产阶级激进民主主义者，马克思主义者，修正主义者。从1881年初担任党机关报《社会民主党人报》编辑到1895年恩格斯逝世，这15年是伯恩施坦的黄金时代。他是作为一位杜林主义者加入德国社会民主党的，以拉萨尔主义和杜林主义的眼光来看待马克思和马克思主义。在此期间，他在恩格斯的直接关怀和指导下，对于传播马克思主义、反对党内机会主义、揭露和批判统治阶级的反动政策等方面，对党内的建设做出了重大贡献，因此，他在党内和国际工人运动中赢得了很高的声誉。列宁也曾说，伯恩施坦当时是一个"革命的社会民主党人"。1895年8月恩格斯逝世后，伯恩施坦"修正"马克思主义基本原理的倾向开始公开显露出来。1896年至1898年，他在《新时代》上以《社会主义问题》为总题目发表的一组文章，成为他对马克思主义"传统解释"的最初"批判"，成为这一时期对马克思主义公开责难的代表，开启了德国社会民主党内关于什么是马克思主义、如何发展马克思主义的大争论。

爱尔维修

克洛德·阿德里安·爱尔维修（1715—1771），是18世纪法国唯物主义哲学家，法国启蒙思想家。他出生在巴黎一个宫廷医生的家庭，毕业于耶稣会办的专科学校，曾任总报税官。他考察了第三等级的贫困生活和封建贵族的糜烂生活，因而痛恨封建制度。后来，他辞去官职，专心著述，并和思想家狄德罗、霍尔巴赫等人参加了《百科全书》的编辑工作，对封建制度及教会进行了无情的揭露和批判。他的主要著作包括《论精神》和《论人的理智能力和教育》。

奥格斯特·倍倍尔

奥格斯特·倍倍尔（1840—1913），德国社会民主党的主要领导人之一，德国和国际工人运动活动家。1840年2月22日生于普鲁士，1913年8月13日卒于瑞士格尔桑斯。1865年8月结识李卜克内西，在其帮助下成长为社会主义者。1866年同李卜克内西创建萨克森人民党，加入第一国际。次年当选为德国工人协会联合会主席，并促使该会于1868年参加第一国际。1867年当选北德意志联邦议会议员，成为议会中第一个工人代表，坚决反对俾斯麦的"铁血政策"，主张通过自下而上的革命统一德意志。他和李卜克内西于1869年8月共同创建德国社会民主工党（爱森纳赫派），并制定了党纲。

柏拉图

柏拉图（约前427—前347），古希腊伟大的哲学家，也是全部西方哲学乃至整个西方文化最伟大的哲学家和思想家之一。他和老师苏格拉底、学生亚里士多德并称为古希腊三大哲学家。柏拉图出身于雅典贵族家庭，青年时师从苏格拉底。苏格拉底死后，他游历四方，曾到埃及、北非、小亚细亚沿岸和意大利南部从事政治活动，企图实现他的贵族政治理想。公元前387年活动失败后，游历12年的柏拉图逃回雅典，在一所称为阿卡德米的体育馆附近建立了一所学园，此后执教40年，直至逝世。他一生著述颇丰，其教学思想主要集中在《理想国》和《法律篇》中。柏拉图是西方客观唯心主义的创始人，其哲学体系博大精深，对其教学思想影响尤甚。柏拉图认为世界由"理念世界"和"现象世界"所组成。理念的世界是真实的存在，永恒不变，而人类感官所接触到的这个现实的世界，只不过是理念世界的微弱的影子，它由现象所组成，而每种现象是因时空等因素而表现出暂时变动等特征。由此出发，柏拉图提出了一种理念论和回忆说的认识论，并将它作为其教学理论的哲学基础。

保尔·拉法格

保尔·拉法格（1842—1911），法国杰出的马克思主义理论家，法国工人党和第二国际创建人之一。拉法格反对新康德主义和哲学上的修正主义，捍卫和宣传辩证唯物主义和历史唯物主义，拉法格还批判了饶勒斯的修正主义哲学观点。

布鲁诺·鲍威尔

布鲁诺·鲍威尔（1809—1882），德国哲学家，青年黑格尔派代表之一。柏林大学毕业，曾在柏林大学、波恩大学任教，因发表《同观福音作者的福音史批判》而遭解聘，从此退隐。否认福音故事的可靠性以及耶稣其人的存在。将黑格尔的自我意识解释为同自然相脱离的绝对实在，并用它来代替黑格尔的"绝对观念"，宣称"自我意识"是最强大的历史创造力，马克思和恩格斯在《神圣家族》一书中对此予以严厉批判。主要著作还有《福音的批判及福音起源史》、《斐洛、施特劳斯、勒男与原始基督教》等。

查尔斯·泰勒

查尔斯·泰勒，1948年出生于利比里亚首都蒙罗维亚郊区，他是著名的政治人物，曾于1997年至2003年间任第二十二任利比里亚总统。他是美国黑人后裔，年轻时曾在美国波士顿当机修工，后进入马萨诸塞州本特雷学院就读，1977年获经济学学士学位，毕业后回到利比里亚。在20世纪90年代初的利比里亚内战时，他是非洲最知名的军阀之一，内战结束后他被选为总统。2003年7月以美国为首的一些国家强烈要求泰勒下台，不久后他流亡尼日利亚，为利比里亚结束长达14年的内战和举行大选铺平了道路。后来，他被联合国塞拉利昂特别法庭以战争罪、反人类罪和违反国际人道法等17项罪名指控，2012年5月30日他被裁定谋杀、强奸及强迫儿童当兵等11项罪名成立，被海牙法庭判处入狱50年。

但丁

但丁·阿利吉耶里（1265—1321），意大利中世纪诗人，现代意大利语的奠基者，欧洲文艺复兴时代的开拓人物，以史诗《神曲》留名后世。但丁被认为是意大利最伟大的诗人，也是西方最杰出的诗人之一，全世界最伟大的作家之一。恩格斯评价说："封建的中世纪的终结和现代资本主义纪元的开端，是以一位大人物为标志的，这位人物就是意大利人但丁，他是中世纪的最后一位诗人，同时又是新时代的最初一位诗人。"

德谟克利特

德谟克利特（约公元前460—公元前370或公元前356），来自古希腊爱琴海北部海岸的自然派哲学家。德谟克利特是经验的自然科学家和第一个百科全书式的学者，古代唯物思想的重要代表。他是"原子论"的创始者,由原子论入手,他建立了认识论,并在哲学、逻辑学、物理、数学、天文、动植物、医学、心理学、伦理学、教育学、修辞学、军事、艺术等方面,都有所建树。可惜他的大多数著作都散失了,至今只能看到若干残篇断简,这对理解他的思想造成了一定的困难。

德谟克利特的自然科学虽然也有类似实验解剖这样的科学结论,但是他在哲学上的大部分见解都与经验直接相关。他的原子论是受着水汽蒸发以及香味传递等感性直观,依赖哲学思维推测出来的,通过感官的参与,即经验,直接推测了原子论的可能,并由原子论进一步影响认识论等。说他是自然科学家,主要是缘于他对于自然科学起到的奠基作用,但是在哲学领域,他是个彻头彻尾的经验论者,在他那个年代的哲学家鲜有严谨依赖科学思维得出哲学结论的人,这是可想而知的。

恩格斯

弗里德里希·冯·恩格斯(1820—1895),德国思想家、哲学家、革命家,全世界无产阶级和劳动人民的伟大导师,马克思主义的创始人之一。恩格斯是卡尔·马克思的挚友,被誉为"第二提琴手",他为马克思从事学术研究提供了大量经济上的支持。在马克思逝世后,将马克思的大量手稿、遗著整理出版,并且成为国际工人运动众望所归的领袖。

费尔巴哈

路德维希·安德列斯·费尔巴哈（1804—1872），德国哲学家。出生于拜恩州（巴伐利亚）下拜恩区的首府兰茨胡特，死于同一州的纽伦堡，他是德国法学家保罗·约翰·安塞姆里特·冯·费尔巴哈的第四个儿子。费尔巴哈对基督教的批判在社会上产生了很大影响，他的某些观点在德国教会和政府的斗争中被一些极端主义者接受。他对卡尔·马克思的影响也很大，虽然马克思并不赞同他观点中的机械论，马克思曾写过《费尔巴哈提纲》，批判他形而上学的唯物主义观点。费尔巴哈的主要著作有《黑格尔哲学批判》和《基督教的本质》等。

费希特

约翰·戈特利布·费希特（1762—1814），德国哲学家。尽管他是自康德的著作发展开来的德国唯心主义哲学的主要奠基人之一，但他在西方哲学史上的重要性往往被轻视了。费希特往往被认为是连接康德和黑格尔两人哲学间的过渡人物。近些年来，由于学者们注意到他对自我意识的深刻理解而重新认识到他的地位。和在他之前的笛卡尔和康德一样，对于主观性和意识的问题激发了他的许多哲学思考。费希特的一些观点也涉及了政治哲学，因此，他被一些人认为是德国国家主义之父。

弗洛伊德

西格蒙德·弗洛伊德（1856—1939），犹太人，奥地利精神病医生及精神分析学家，精神分析学派的创始人，此学派被称为"维也纳第一精神分析学派"，以区别于后来由此演变出的第二及第三学派。著有《性学三论》、《梦的解析》、《图腾与禁忌》、《日常生活的心理病理学》、《精神分析引论》、《精神分析引论新编》等。提出"潜意识"、"自我"、"本我"、"超我"、"俄狄浦斯情结"、"性冲动"、"心理防卫机制"等概念。其成就对哲学、心理学、美学，甚至社会学、文学等都有深刻的影响，被世人誉为"精神分析之父"。但他的理论诞生至今，却一直饱受争议。

伏尔泰

伏尔泰（1694—1778），原名弗朗索瓦·马利·阿鲁埃，伏尔泰是他的笔名。法国启蒙时代思想家、哲学家、文学家，启蒙运动公认的领袖和导师。伏尔泰是18世纪法国资产阶级启蒙运动的旗手，被誉为"法兰西思想之王"、"法兰西最优秀的诗人"、"欧洲的良心"。他不仅在哲学上有卓越成就，也以捍卫公民自由，特别是信仰自由和司法公正而闻名。尽管在他所处的时代，审查制度十分严厉，伏尔泰仍然公开支持社会改革。他的论说以讽刺见长，常常抨击天主教教会的教条和当时的法国教育制度。伏尔泰的著作和思想与托马斯·霍布斯及约翰·洛克一道，对美国革命和法国大革命的主要思想家都有影响。

傅立叶

夏尔·傅立叶（1772—1837），法国著名哲学家，经济学家，空想社会主义者。出身于商人家庭的傅立叶批评当时资本主义社会的一些丑恶现象，希望建立一种以法伦斯泰尔为基层组织的社会主义社会，在这里个人利益和集体利益是一致的。他还揭露资本主义的罪恶，主张建立一个社会主义社会，但他幻想通过宣传和教育来实现这一目的。他还强调妇女解放，提出妇女解放的程度是人民是否彻底解放的准绳。

葛兰西

安东尼奥·葛兰西（1891—1937）是意大利共产主义思想家、意大利共产党创始者和领导人之一。他的文艺理论著作大多写于狱中，战后才得到广泛的传播和研究。他批判资产阶级唯心主义文艺观和克罗齐的"艺术即直觉"的观点，坚持历史唯物主义和无产阶级党性原则，提出创立"民族-人民的文学"的口号，对文学与社会生活，作家与时代、人民，作品的内容与形式的关系，文艺批评的任务，作了精辟的论述；同时对许多古典作家和20世纪重要的文学现象作了分析和论述。葛兰西奠定了意大利马克思主义文艺理论的基础。

哈贝马斯

尤尔根·哈贝马斯，是德国当代最重要的哲学家、社会理论家之一，是批判学派中的法兰克福学派的第二代旗手。他1929年生于杜塞多夫，历任海德堡大学教授、法兰克福大学教授、法兰克福大学社会研究所所长以及德国马普协会生活世界研究所所长。1994年荣休，被公认是"当代最有影响力的思想家"，他同时也是西方马克思主义法兰克福学派第二代的中坚人物。他继承和发展了康德哲学，致力于重建"启蒙"传统，视现代性为"尚未完成之工程"，提出了著名的沟通理性的理论，对后现代主义思潮进行了深刻的对话及有力的批判。他著有《历史唯物主义的重建》、《交往行为理论》等著作。

海德格尔

马丁·海德格尔（1889—1976），德国哲学家，20世纪存在主义哲学的创始人和主要代表之一。出生于德国西南巴登邦弗赖堡附近的梅斯基尔希的天主教家庭，逝于德国梅斯基尔希。他在现象学、存在主义、解构主义、诠释学、后现代主义、政治理论、心理学及神学领域都有举足轻重的影响。此外，他还著有《存在与时间》一书，本书深深影响了20世纪哲学，尤其是存在主义、解释学和解构主义。

黑格尔

格奥尔格·威廉·弗里德里希·黑格尔（1770—1831），德国哲学家，出生于德国西南部巴登-符腾堡州首府斯图加特。18岁时，他进入蒂宾根大学学习，在那里，他与荷尔德林、谢林成为朋友，同时，为斯宾诺莎、康德、卢梭等人的著作和法国大革命深深吸引。许多人认为，黑格尔的思想，象征着19世纪德国唯心主义哲学运动的顶峰，对后世哲学流派，如存在主义和马克思的历史唯物主义都产生了深远的影响。更有甚者，由于黑格尔的政治思想兼具自由主义与保守主义两者之要义，因此，对于那些因看到自由主义在承认个人需求、体现人的基本价值方面的无能为力，而觉得自由主义正面临挑战的人来说，他的哲学无疑是为自由主义提供了一条新的出路。1807年，黑格尔出版了第一部作品《精神现象学》。《精神现象学》是一段伟大的概念旅程，带领我们从最基本的人类意识概念，走向最包罗万象而复杂的人类意识概念。

霍布斯

托马斯·霍布斯（1588—1679），英国的政治哲学家，创立了机械唯物主义的完整体系，认为宇宙是所有机械地运动着的广延物体的总和。他提出"自然状态"和国家起源说，认为国家是人们为了遵守"自然法"而订立契约所形成的，是一部人造的机器人，当君主可以履行该契约所约定的保证人民安全的职责时，人民应该对君主完全忠诚。他于1651年出版的《利维坦》一书，为之后所有的西方政治哲学发展奠定了根基。霍布斯的思想对其后的约翰·洛克、孟德斯鸠和让·雅克·卢梭有深刻影响，但同时他的社会契约理论与绝对君主思想又有其独特性。

基佐

弗朗索瓦·皮埃尔·吉尧姆·基佐（1787—1874），法国政治家、历史学家，他在1847年到1848年间任法国首相，是法国第二十二位首相。他是保守派人士，在任期间，他未能留心民间的疾苦，对内主张实行自由放任政策；对外则主张成立法比关税同盟，以对抗当时的德意志关税同盟，但这些措施均引起国内和国外的不满。1848年的二月革命，路易·菲利普的七月王朝被推翻，基佐也因而下台。他著有《英国革命史》、《欧洲文明史》、《法国文明史》等著作。

卡尔·考茨基

卡尔·考茨基（1854—1938），社会民主主义活动家，亦是马克思主义发展史中的重要人物。考茨基是卡尔·马克思代表作

《资本论》第四卷的编者，是19世纪末德国社会民主党内最主要的领导人之一。

康德

伊曼努尔·康德（1724—1804），德国哲学家、天文学家，是星云假说的创立者之一、德国古典哲学的创始人、唯心主义者、不可知论者，德国古典美学的奠定者。他被认为是现代欧洲最具影响力的思想家之一，也是启蒙运动最后一位主要哲学家。康德哲学理论的一个基本出发点是认为将经验转化为知识的理性是人与生俱来的，没有先天的范畴我们就无法理解世界。他的这个理论结合了英国经验主义与欧陆的理性主义，对德国唯心主义与浪漫主义影响深远。

康德的一生可以以1770年为标志分为前期和后期两个阶段，前期主要研究自然科学，后期则主要研究哲学。前期的主要成果有1755年发表的《自然通史和天体论》，其中提出了太阳系起源的星云假说。在后期，从1781年开始的9年里，康德出版了一系列涉及领域广阔、有独创性的伟大著作，给当时的哲学思想带来了一场革命，它们包括《纯粹理性批判》（1781年）、《实践理性批判》（1788年）和《判断力批判》（1790年）。"三大批判"的出版标志着康德哲学体系的完成。三大批判分别探讨了认识论、伦理学以及美学。

政治上，康德是一名自由主义者，他支持法国大革命以及共和政体，在1795年他还出版过《论永久和平》一书，提出议制政府与世界联邦的构想。其生前最后一本有代表性的著作是《人类学》（1798年），一般认为该书是对整个学说的概括和总结。康德晚年已经以一名出色的哲学家闻名于世，他去世后，人们为他举行了隆重的葬礼。

孔德

奥古斯特·孔德（1798—1857）是法国著名的哲学家，社会学、实证主义的创始人。1817年8月，他成为著名的乌托邦社会主义者圣西门的秘书。1830年，《实证主义教程》第一卷出版，稍后其他各卷（共四卷）陆续出版。1842年出版的第四卷中，正式提出"社会学"这一名称，并建立起社会学的框架和构想。1844年孔德遇到对其理论发生重大影响的德克洛蒂尔德·德沃。受德沃影响，孔德创立"人道教"，并成立了具有宗教色彩的"实证主义学会"。整个19世纪，值得一提的法国社会学家屈指可数，但作为实证主义的创始人，奥古斯特·孔德被称为社会学之父当之无愧。他创立的实证主义学说是西方哲学由近代转入现代的重要标志之一。

李约瑟

李约瑟（1900—1995），英国伦敦人，著名生物化学专家、汉学家，英国剑桥大学李约瑟研究所名誉所长。数次来到中国，先后任英国驻华科学参赞、中英科学合作馆馆长，1946年赴巴黎任联合国教科文组织自然科学部主任。著有《中国科学技术史》（28卷册）、《化学胚胎学》、《中国科学》、《科学前哨》及《中国神针：针灸史及基本原理》等著作。

列宁

列宁（1870—1924），原名弗拉基米尔·伊里奇·乌里扬诺夫，列宁是他的笔名。列宁是无产阶级革命家、政治家、思想家、理论家，布尔什维克党创立者、苏联缔造者，任苏联人民委员会主席。他继承和发展了马克思主义，形成了列宁主义理论。他被全世界共产主义者广泛认同为"全世界无产阶级和劳动人民的伟大革命导师和领袖"，也被世人认为是20世纪最伟大的人物之一。俄罗斯国家电视台2008年进行了一项关于国内最伟大历史人物的网上民意调查评选活动，经过统计，列宁位列第六，位于亚历山大·涅夫斯基、斯托雷平、斯大林、普希金、彼得大帝之后。

卢梭

让·雅克·卢梭（1712—1778），启蒙时代瑞士裔的法国思想家、哲学家、政治理论家和作曲家，是18世纪法国大革命的思想先驱，启蒙运动最卓越的代表人物之一。其论文《科学和艺术的进步对改良风俗是否有益》及《论人类不平等的起源与基础》确定了他在哲学史上的地位；他的《社会契约论》的人民主权及民主政治哲学思想深刻影响了启蒙运动、法国大革命和现代政治、哲学和教育思想。此外，他还著有《爱弥儿》、《忏悔录》、《新爱洛伊斯》、《植物学通信》等著作。

罗莎·卢森堡

罗莎·卢森堡（1871—1919），国际共产主义运动史上杰出的马克思主义思想家、理论家、革命家，德国社会民主党和第二国际左派领袖，被列宁誉为"革命之鹰"。在反对资本主义、修正主义和帝国主义世界大战的暴风骤雨中，始终英勇斗争，不畏强暴，展现了高度的革命乐观主义精神。1871年3月5日，出生于俄国占领下的波兰扎莫希奇的一个犹太人家庭，她原是波兰立陶宛王国社会民主党理论家。1898年移居德国柏林，并加入德国社会民主党，是党内的社会民主理论家。1914年，当德国社会民主党宣布支持德国参与第一次世界大战时，她和卡尔·李卜克内西合作成立马克思主义革命团体"斯巴达克同盟"，与社民党内以艾伯特为代表的右倾势力斗争。该组织于1919年1月1日转为德国共产党。1918年11月，在德国革命期间，她创办了《红旗报》，作为左翼的中央机构。1915年—1918年间被多次关押。罗莎·卢森堡起草了德国共产党党纲。她认为1919年1月柏林的斯巴达克起义是一个错误,但起义开始后她还是加以支持。当起义被自由军团镇压时,卢森堡、李卜克内西与其他数百位支持者被逮捕,遭到严刑拷打并被杀害。

洛克

约翰·洛克(1632—1704),英国哲学家,经验主义的开创人,同时也是第一个全面阐述宪政民主思想的人,在哲学以及政治领域都有重要影响。洛克的第一本主要著作是《论宽容》,而洛克最知名的两本著作则分别是《人类理解论》和《政府论》。洛克的思想对于后代政治哲学的发展产生了巨大影响,并且被广泛视为是启蒙时代最具影响力的思想家和自由主义者。他的著作也大大影响了伏尔泰和卢梭,以及许多苏格兰启蒙运动的思想家和美国开国元勋。他的理论被反映在美国的《独立宣言》上。洛克的精神哲学理论通常被视为是现代主义中"本体"以及自我理论的奠基者,也影响了后来大卫·休谟、让·雅各·卢梭与伊曼努尔·康德等人的著作。洛克是第一个以连续的"意识"来定义自我概念的哲学家,他也提出了心灵是一块"白板"的假设。与笛卡尔和基督教哲学不同的是,洛克认为人生下来是不带有任何记忆和思想的。

马克思

卡尔·亨利希·马克思（1818—1883），马克思主义的创始人，第一国际的组织者和领导者，全世界无产阶级和劳动人民的伟大导师、政治家、哲学家、经济学家、革命理论家。主要著作有《资本论》、《共产党宣言》。他是无产阶级的精神领袖，是当代共产主义运动的先驱，支持他理论的人被视为马克思主义者。马克思最广为人知的哲学理论是他对于人类历史进程中阶级斗争的分析。他认为几千年以来，人类发展史上最大的矛盾与问题就在于不同阶级之间的利益掠夺。依据历史唯物论，马克思曾大胆地假设，资本主义终将被共产主义所取代。

尼采

弗里德里希·威廉·尼采（1844—1900），德国著名哲学家，西方现代哲学的开创者，同时也是卓越的诗人和散文家，他的著作对于宗教、道德、现代文化、哲学，以及科学等领域提出了广泛的批判和讨论。他的写作风格独特，经常使用格言和悖论的技巧。尼采对于后代哲学的发展影响极大，尤其是在存在主义与后现代主义上。他最早开始批判西方现代社会，然而他的学说在他的时代却没有引起人们的重视，直到20世纪，才激起深远的调门各异的回声。后来的生命哲学、存在主义、弗洛伊德主义、后现代主义，都以各自的形式回应尼采的哲学思想。尼采著有

《悲剧的诞生》、《查拉图斯特拉如是说》、《偶像的黄昏》等著作。

欧文

罗伯特·欧文（1771—1858），英国乌托邦社会主义者，也是一位企业家、慈善家。欧文在历史上第一次揭示了无产阶级贫困的原因，并从生产力的角度提出公有制与大生产的紧密关系，他晚年还提出过共产主义主张。他最著名的著作为《新社会观》、《新道德世界书》。罗伯特·欧文是历史上第一个创立学前教育机关（托儿所、幼儿园）的教育理论家和实践者。教育与生产劳动相结合，是欧文对人类教育理论宝库的一大贡献。他认为，要培养智育、德育、体育全面发展的一代新人，必须把教育与生产劳动结合起来。

培根

弗朗西斯·培根（1561—1626），英国哲学家、思想家、作家和科学家，是古典经验论的始祖。他不但在文学、哲学上多有建树，在自然科学领域里，也取得了重大成就。培根是一位经历了诸多磨难的贵族子弟，复杂多变的生活经历丰富了他的阅历，随之而来的是他的思想成熟，言论深邃，富含哲理。他是一位理性主义者而不是迷信的崇拜者，是一位经验论者而不是诡辩学者；在政治上，他是一位现实主义者而不是理论家。他在逻辑学、美学、教育学方面也提出许多思想。他著有《新工具》、《论说随笔文集》等著作，此外，他还有许多名言为众人所知，"知识就是力量"就是其中最著名的一句名言。

普列汉诺夫

格奥尔基·瓦连廷诺维奇·普列汉诺夫（1856—1918），俄国马克思主义先驱，俄国社会民主工党总委员会主席。他早年是民粹主义者，在1883年后的20年间是俄国马克思主义政党的创始人和领袖之一，是最早在俄国和欧洲传播马克思主义的思想家，也是俄国和国际工人运动的著名活动家，十分受列宁尊敬。

普罗泰戈拉

普罗泰戈拉（约公元前490—约公元前420），公元前5世纪希腊哲学家，智者派的主要代表人物。他出生在阿布德拉城，多次来到当时希腊奴隶主民主制的中心雅典，与民主派政治家伯里克利结为挚友，曾为意大利南部的雅典殖民地图里城制定过法典。一生旅居各地，收徒传授修辞和论辩知识，是当时最受人尊敬的"智者"。普罗泰戈拉留传下来的最主要的哲学名言就是在《论真理》中说的，"人是万物的尺度，存在时万物存在，不存在时万物不存在。"

塞利格曼

马丁·塞利格曼（1942— ），美国心理学家，主要从事习得性无助、抑郁、乐观主义、悲观主义等方面的研究。曾获美国应用与预防心理学会的荣誉奖章，并由于他在精神病理学方面的研究而获得该学会的终身成就奖。1998年当选为美国心理学会主席。

圣西门

克劳德·昂列·圣西门（1760—1825），法国哲学家、经济学家、社会改革家、空想社会主义者。与实证主义创始人奥古斯特·孔德相熟，曾聘其为秘书。圣西门出身贵族，曾参加法国大革命，还参加过北美独立战争。他抨击资本主义社会，致力于设计一种新的社会制度，并花掉了他的全部家产。在他所设想的社会中，人人劳动，没有不劳而获，没有剥削，没有压迫。圣西门一生写了许多著作，但直到1825年4月发表的《新基督教》这部圣西门最后的著作，才标志着他创建的空想社会主义大厦的完成。

叔本华

亚瑟·叔本华（1788—1860），德国著名哲学家，他继承了康德对于现象和物自体之间的区分。不同于他同代的费希特、谢林、黑格尔等取消物自体的做法，他坚持物自体，并认为它可以通过直观而被认识，将其确定为意志。意志独立于时间、空间，所有理性、知识都从属于它，人们只有在审美的沉思时才能逃离其中。叔本华将他著名的极端悲观主义和此学说联系在一起，认为意志的支配最终只能导致虚无和痛苦。他对心灵屈从于器官、欲望和冲动的压抑、扭曲的理解预言了精神分析学和心理学。他的代表著作有《作为意志和表象的世界》等。

苏格拉底

苏格拉底（公元前469—公元前399），古希腊著名的思想家、哲学家、教育家，他和他的学生柏拉图，以及柏拉图的学生亚里士多德被并称为"古希腊三贤"，更被后人广泛认为是西方哲学的奠基者。身为雅典的公民，据记载，苏格拉底最后被雅典法庭以引进新的神和腐蚀雅典青年思想之罪名判处死刑。尽管他曾获得逃亡雅典的机会，但苏格拉底仍选择饮下毒堇汁而死，因为他认为逃亡只会进一步破坏雅典法律的权威，同时也是因为担心他逃亡后雅典将再没有好的导师可以教育人们了。

维柯

乔瓦尼·巴蒂斯塔·维柯（1668—1744）是一名意大利政治哲学家、修辞学家、历史学家和法理学家。他为古老风俗辩护，批判了现代理性主义，并以巨著《新科学》闻名于世。

亚当·斯密

亚当·斯密（1723—1790），苏格兰哲学家和经济学家，是经济学的主要创立者。他所著的《国富论》成为了第一本试图阐述欧洲产业和商业发展历史的著作。这本书发展出了现代的经济学学科，也提供了现代自由贸易、资本主义和自由意志主义的理论基础。

亚里士多德

亚里士多德（公元前384—公元前322），古希腊斯吉塔拉人，世界古代史上最伟大的哲学家、科学家和教育家之一。是柏拉图的学生，亚历山大大帝的老师。公元前335年，他在雅典办了一所叫吕克昂的学校，被称为逍遥学派。马克思曾称亚里士多德是古希腊哲学家中最博学的人物，恩格斯称他是古代的黑格尔。作为一位最伟大的、百科全书式的科学家，亚里士多德对世界的贡献无人可比。他对哲学的几乎每个学科都作出了贡献。他的写作涉及伦理学、形而上学、心理学、经济学、神学、政治学、修辞学、自然科学、教育学、诗歌、风俗，以及雅典宪法。

《1844年经济学哲学手稿》

《1844年经济学哲学手稿》是卡尔·马克思在年轻时代为了总结自己的思想和弄清思考的问题而写的一个未完成的手稿，由三个部分组成,这是一部研究政治经济学和哲学的著作。该手稿中,马克思根据当时情况,对一系列德国的古典哲学(包括黑格尔的辩证法、费尔巴哈的唯物论)、英国的古典政治经济学(亚当·斯密)以及法国的空想社会主义进行批判性整合。该手稿可以反映出马克思已经完全脱离了黑格尔的理论。

《德法年鉴》

《德法年鉴》是德国"第一个社会主义的刊物"。1844年2月底只在巴黎用德文出版了1—2期合刊号,主编是阿·卢格和马克思。由于当时卢格患病,这一期合刊主要是由马克思编辑的。这期合刊包括卢格写的《德法年鉴》计划、杂志撰稿人之间的8封通信、马克思的著作《〈黑格尔法哲学批判〉导言》和《论犹太人问题》、恩格斯的著作《政治经济学批判大纲》和《英国状况》,以及其他人写的三篇文章、两首诗、一份官方判决书和编后记《刊物的展望》。马克思和恩格斯在《德法年鉴》上发表的文章表明,他们最终完成了从革命民主主义向共产主义的转变。

《德意志意识形态》

《德意志意识形态》是一本哲学巨著文本,于1845年由马克思和恩格斯合著,于1932年在莫斯科出版。在1847年,《德意志意识形态》的部分内容在《威斯特伐里亚汽船》杂志8月和9月号发表过。本书第一次系统阐述了历史唯物主义的基本原理，如社会存在决定社会意识、生产方式在社会生活中起决定作用、生产关系必须适合生产力的发展等，标志着马克思主义哲学的成熟。此外，本书还批判地分析了当时的费尔巴哈、鲍威尔及施蒂纳的唯心主义历史观，批判了真正的社会主义或德国社会主义的各种代表哲学观点，表达了对科学社会主义的认识。

《反杜林论》

《反杜林论》是恩格斯于1876年5月底至1878年7月初的著作，是一部伟大的马克思主义著作，是马克思主义发展史上的一座丰碑。

《共产党宣言》

《共产党宣言》是无产阶级革命导师马克思、恩格斯受"共产主义者同盟"1847年12月伦敦第二次代表大会的委托，于1847年11月—1848年1月间共同撰写的关于科学共产主义的第一个纲领性文献。它是国际共产主义运动的第一个纲领性文献，是一部划时代的光辉文献。《共产党宣言》以辩证唯物主义与历史唯物主义为理论基础，以阶级斗争为线索，解剖了资本主义制度，阐明了资本主义的发生、发展和必然灭亡的客观规律；阐明了无产阶级作为资本主义掘墓人和共产主义创建者的伟大历史使命；

论证了无产阶级革命和无产阶级专政是无产阶级获得解放的唯一道路；批判了打着社会主义招牌的同科学共产主义相对立的各种流派的所谓理论；奠定了无产阶级政党的学说，并确立了党的战略、策略、原则。

《关于费尔巴哈的提纲》

《关于费尔巴哈的提纲》写于1845年春，马克思生前未发表过。最早发表于1888年，恩格斯在《路德维希·费尔巴哈和德国古典哲学的终结》的序言中称这个文件为"关于费尔巴哈的提纲"，并作为该书的附录首次发表。它被恩格斯称为"包含着新世界观的天才萌芽的第一个文件"，"历史唯物主义的起源"。《关于费尔巴哈的提纲》和《德意志意识形态》一起被公认为是马克思主义哲学，特别是唯物史观创立的基本标志。

《莱茵报》

《莱茵报》，《莱茵政治、商业和工业日报》的简称，"德国现代期刊的先声"（恩格斯语，《马克思恩格斯选集》第1卷第514页）。

《路德维希·费尔巴哈和德国古典哲学的终结》

《路德维希·费尔巴哈和德国古典哲学的终结》是恩格斯为

论述马克思主义哲学同德国古典哲学的关系,阐明马克思主义哲学基本原理而写的一部重要的哲学著作。写于1886年,同年发表在德国社会民主党理论杂志《新时代》的第4—5期上。1888年出版单行本。20世纪20年代末30年代初传入中国,曾出版过林超真、彭嘉生、张仲实等人的6种译本。这本著作全面论述了马克思主义哲学和黑格尔、费尔巴哈哲学之间的批判继承关系,系统阐述了辩证唯物主义和历史唯物主义的基本原理,具体说明了马克思主义哲学产生的理论来源和自然科学基础,深刻分析了马克思主义哲学在哲学领域中革命变革的实质。

《矛盾论》

《矛盾论》是毛泽东哲学代表著作,它是继《实践论》之后,为了克服存在于中国共产党内的严重的教条主义思想而写的。原是1937年7月—8月在延安抗日军事政治大学所讲的《辩证法唯物论》的第三章第一节。于1952年暂收入《毛泽东选集》第二卷,再版时移入第一卷。该书运用唯物辩证法总结了中国共产党领导中国革命斗争的实践经验,从两种宇宙观、矛盾的普遍性、矛盾的特殊性、主要矛盾和矛盾的主要方面、矛盾诸方面的同一性和斗争性、对抗在矛盾中的地位等方面,深刻地阐述了对立统一规律。

《前进报》

德国社会主义工人党中央机关报，1876年10月1日创刊。1875年5月召开的德国社会民主党和全德工人联合会哥达合并大会决定，两派的机关报暂时并列为新成立的社会主义工人党的机关报。

《人权宣言》

《人权宣言》，1789年8月26日颁布，是在法国大革命时期颁布的纲领性文件。《人权宣言》以美国的《独立宣言》为蓝本，采用18世纪的启蒙学说和自然权论，宣布自由、财产、安全和反抗压迫是天赋不可剥夺的人权，肯定了言论、信仰、著作和出版自由，阐明了司法、行政、立法三权分立，法律面前人人平等，私有财产神圣不可侵犯等原则。

《人是机器》

法国J.O.拉美特里的著作。在作者因出版《心灵的自然史》一书被迫流亡荷兰时写成，1747年匿名发表。拉美特里根据大量医学、解剖学和生理学的科学材料，证明人的心灵状况决定于人的机体状况，特别着重证明思维是大脑的机能和道德源于机体的自我保存的要求。《人是机器》假定一切生物都具有所谓"运动的始基"，它是生物的运动、感觉以及思维和良知产生的根据。书中明确指出，运动的物质能够产生有生命的生物、有感觉的动物和有理性的人。公开表明唯物主义和无神论的立场，驳斥心灵为独立的精神实体的唯心主义观点，论证精神对物质的依赖关系。《人是机器》在自然观、认识论、社会历史观、无神论和伦理学等许多方面还提出一系列后来为其他法国唯物主义者进一步发展了的思想。它是18世纪法国第一部以公开的无神论形式出现的系统的机械唯物主义著作。

《神圣家族》

《神圣家族》是一本由马克思和恩格斯在1844年11月创作的书。这本书对青年黑格尔派及其在当时学术界极其流行的思想潮流进行了批判。该书的名称是由出版商提议取的，并用作讽刺鲍威尔兄弟及其支持者。该书引发了争议并使得鲍威尔对此进行了反驳。鲍威尔称马克思和恩格斯误解了自己的说法。马克思之后在《德意志意识形态》中讨论了相关问题。

《唯物主义和经验批判主义》

《唯物主义和经验批判主义》是列宁批判经验批判主义哲学思潮、阐述辩证唯物主义认识论的重要著作。1908年2月—10月在日内瓦和伦敦写成，1909年5月由莫斯科"环节"出版社出版。这部著作在国际上得到了广泛的传播，先后被译为20多种文字。它对中国思想界也有很大的影响，1930年，笛秋和朱铁笙第一次将它译成中文，由上海明日书店出版发行。

《政治经济学批判大纲》

《政治经济学批判大纲》是恩格斯的第一篇经济学著作。写于1843年底至1844年1月，1844年2月发表在《德法年鉴》上。中译本收入人民出版社1956年出版的《马克思恩格斯全集》第1卷。研究了资本主义社会经济制度和资产阶级政治经济学的基本范畴，论述了消灭私有制的必要性，对社会主义革命作了初步论证，是马克思主义发展史上第一篇经济学著作。

《资本论》

《资本论》是马克思的著作，以唯物史观的基本思想为指导，通过深刻分析资本主义生产方式，揭示了资本主义社会发展的规律，同时也使唯物史观得到了科学的验证和进一步的丰富发展。《资本论》运用唯物史观的观点和方法，将社会关系归结为生产关系，将生产关系归结于生产力的高度，从而证明了社会形态的发展是一个不以人的意志为转移的自然历史过程。

《自然辩证法》

《自然辩证法》是德国哲学家弗里德里希·恩格斯一部尚未完成的著作，是恩格斯多年来对自然科学研究的总结。对19世纪中期的主要自然科学成就用辩证唯物主义的方法进行了概括,并批判了自然科学中的形而上学和唯心主义的观念。在恩格斯去世后,1896年发表了其中一篇论文《劳动在从猿到人转变过程中的作用》,1898年发表了其中另一篇论文《神灵世界中的自然科学》,直到1925年才在前苏联出版的德文和俄文译本对照的《马克思恩格斯文库》中全文发表。